心が思い通りになる技術

NLP:神経言語プログラミング

Neuro-Linguistic Programming

原田幸治 著

Koji Harada

春秋社

はじめに

「なんで、いつもこうなるの？」

その仕組みを説明します。

「上手くいくには、どうすれば……？」

その方法を紹介します。


思い通りにならない『**仕組み**』と、思い通りにするための『**方法**』。

その両方を説き明かすのが本書の目的です。


もちろん、思い通りにするための技術やノウハウは、世の中にたくさんあります。

「こうすれば人間関係がうまくいく！」、「こうすればモテる」、「こうすれば心を見抜ける」、「こうすれば物が売れるようになる！」、「こうすれば部下がついてくる」、「こうすれば子供が言うことを聞く」……などなど。

しかし、この本は、そうしたノウハウの本とは少し毛色が違います。

あることを思い通りに、うまくいくようにするためには、三通りのアプローチがあります（詳しくは本編で説明します）。

たとえば、ノウハウやテクニックを学ぶ場合には、一般的には**「知識」**を学ぶことになります。本を読んだり、説明を聞いて、「分かる」ようになるわけです。「なるほど、そうか！　分かったぞ。そうすればいいのか」と。

ですが、場合によっては「分かってはいる。……でも、できない」という状態にもなるものです。むしろ本当にうまくいかないときというのは、「頭では分かっているのに、できない」ことが多いのではないでしょうか。

そこには「頭で分かっている」レベルとは違う、**「なんとなく」**のレベルがあります。

本書では、その「なんとなく」を**『プログラム』**という発想で扱っていきます。

「なんとなく」考えたり、「なんとなく」行動したり、「なんとなく」気持ちが動く。それは、考えや行動、気持ちが、あたかもコンピューターのように『プログラム』されているからだ、と考えるわけです。

普段は自覚していないところで、『プログラム』がたくさん働いていて、われわれは日常生活の大部分を「なんとなく」で過ごしている、ともいえます。

ですから、なんとなく自然とやってしまう癖（＝プログラム）が、あなたの脳と体に組み込まれているとしたら、頭で分かっていても、なかなか対応を変えにくいわけです。

ずいぶん前になりますが、『バック・トゥ・ザ・フューチャー』という映画がありました。大ヒットした映画ですから、覚えている方も多いと思います。その中でマイケル・J・フォックス演じる主人公、マーティーがシリーズを通して見せてくれる〝お決まり〟のシーンがありました。マーティーは「チキン」と言われると、一瞬にして頭に血が上って、見境なく怒り始めるのです。「チキン」は、弱虫とか臆病者といった意味の俗語《スラング》。それで、誰が相手でも、どんなに時間に追われている状況でも、目立ってはいけない場面でも、「チキン」と言われると抑えが利かなくなってしまう。

これがプログラムです。頭で考えて、どうこう制御できるものではないのです。

ここまで激しい例でなくても、人にはたくさんのプログラムがあります。むしろ、**「人間とは〝プログラム〟が集まってできている生き物」**、といっても良いぐらいです。

この本では、人の行動や考え、感情的な反応も含めて、プログラムという観点で理解をしていきます。そして、プログラムを変えるための方法を紹介します。

本書を読み進めるにつれて、プログラムがどう作られているかを掴んでいただけるはずです。とてもシンプルな仕組みです。いろいろな例を具体的にイメージしていただくことで、自分も他人も「どうして、こんな風に反応してしまうのか？」が見えてくるようになると思います。

プログラムの仕組みを簡単に捉えていただいて、実例と関連づける。そうすると、日常の見え方が変わってきます。よく分からなかった他人の行動が、プログラムとして理解できるようになります。ついついやってしまう自分の反応に、プログラムが働いていることがわかります。そして、それに気がつけるということは、当然そこにプログラムを変えるチャンスも生まれることになるわけです。

本書では、**プログラムを変える技術**も紹介しています。「なぜか上手くいかない」、「いつも、こうなってしまう」、「ああ、またやっちゃった」……そういう部分を変える技術です。

また、プログラムの変え方も、プログラムの仕組みを応用する形で説明してあります。「どうしてこの方法でプログラムが変わるのか」を理解しながら扱ってもらえるはずです。

かなり強力な技術も入れておきました。

まずは自分に対して使ってみて、効果を実感していただければと思います。


ですが、プログラムを変える技術を、やみくもに他人へ使うのは危険です。人を傷つけることがあります。予想していなかった悪影響が出ることもあります。そのためにも、最初は「プログラムを理解すること」をオススメします。プログラムに気づけるようになってくると、重要なところをピンポイントで扱えるようになりますから。

他人のプログラムを理解できるようになればなるほど、効果的な関わり方が可能になります。

自分のプログラムを理解できるようになればなるほど、なりたい自分への道が開けます。

自分の「思い通り」に近づけていくチャンスは、あなたの周りに溢れているのです。

まずは、プログラムを理解するところから始めましょう。

心が思い通りになる技術――NLP：神経言語プログラミング

目次

はじめに　i

第1章　神経言語プログラミング(NLP)とは何か？　3

・神経言語プログラミングとは？
・神経言語プログラミングの成り立ち
・プログラムの基本性質（「〜すると、……になる」）
　1．プログラムは体験によって作られる
　2．プログラムは状況に依存する
・なぜプログラムを変えるのか？
・3種類の「できない」
　1．知らないから、できない
　2．上手くないから、できない
　3．分かっているのに、なぜかできない
・「できない」が「できる」に変わる

第2章　プログラムとして人を理解する……1
――サブモダリティ／フレーム／アンカー　44

・プログラムを構成する要素①……サブモダリティ
・サブモダリティが組み合わさって「フレーム」になる
・体験が一般化されて「フレーム」が作られる
・フレームに当てはめることで「意味づけ」される
・プログラムを構成する要素②……アンカー

第3章　プログラムとして人を理解する……2
――チャンク／ビリーフ　85

・プログラムを構成する要素③……チャンク
・プログラムも階層構造を作っている
・ビリーフが「問題だ」と判断する

・プログラムの全体像

第4章　言語とNLP……1
——五感の情報から意味を読み取る

・意味はサブモダリティが作る
・言語をサブモダリティに対応させる①「物」
・言語をサブモダリティに対応させる②「動作」
・言語をサブモダリティに対応させる③「プロセス」
1. 調べたい価値観を含んだ文章を三つ作る
2. 一つの文章を忠実に映像としてイメージする
3. サブモダリティを調べる
4. 他の二つの文章でもサブモダリティを調べて共通点を探す
5. サブモダリティを変えてチェックする

第5章　言語とNLP……2
――質問でプログラムを理解する　149

・相手のプログラムを理解するための質問：メタモデル
1．状況を把握する質問
①場面を把握する質問：「どんな場面でですか？」
②物を明確化する質問：「具体的に◯◯とは、どういうことですか？」
③トリガーを把握する質問：「何があると、……になりますか？」
2．フレームを把握する質問
④プロセスを明確化する質問：「◯◯だということが、どのようにして分かりますか？」
3．因果を把握する質問
⑤因果を引き出す質問：「できないと、どうなりますか？」
⑥因果の間を埋める質問：「どのようにして、～が……の原因になりますか？」

第6章　NLPの変化の技術　178

・プログラムを変える方向性
・プログラムのどこを変えるか
・アンカーを変える
1. アンカリング
2. コラプシング・アンカー
3. スウィッシュ・パターン
・フレームを変える
1. サブモダリティ・チェンジ
2. ポジション・チェンジ
3. リフレーミングの言葉がけ
・ビリーフを変える
1. 問題が気にならなくなるリフレーミング
2. 問題の根拠となるビリーフを特定する

3. 問題の根拠となるビリーフを変える（「スライト・オブ・マウス」）

第7章　プログラムを応用する　246

・ストラテジーをモデリングする
1. 絵が上手い人のストラテジー
2. 速読のストラテジー
・価値観には順位がある
・価値観をサブモダリティから把握する
・NLPにおける時間の考え方：タイムライン
・タイムラインが時間の使い方を決める
・自己評価に関するビリーフ（「セルフ・エフィカシー」と「セルフ・エスティーム」）
・自己評価の高め方

おわりに　305
参考文献一覧　309

心が思い通りになる技術——ＮＬＰ：神経言語プログラミング

第1章 神経言語プログラミング（NLP）とは何か？

人をプログラムで理解する。……なんだかドライな印象があるかもしれません。「人の心は、もっと尊いものだ」と感じる方もいることでしょう。一方で、プログラムという、ちょっと科学的な雰囲気のある言葉を使うことで、冷静に理解しようという気持ちになれる人もいると思います。なかには、「プログラムだったら得意分野だ」という人もいるだろうと想像しています。

後ほど詳しく説明するとして、単純化すると、プログラムとは、

「〜すると、……になる」（因果）

という反応パターンの組み合わせです。どんなに複雑で入り組んだように思われるプログラム

でも、この因果の要素が積み重なってできている。あとでもっと詳細に説明しますので現時点では頭の片隅にそのことを置いておいてください。

実を言うと、私自身も〝プログラム〟という科学的な響きに興味を持った一人です。私は以前、研究職としてバイオ系企業の研究所で働いていました。微生物を使ってアミノ酸を作る研究です。大学院までは応用化学を専攻していましたから、微生物の中で起きていることを化学の視点で調査するのが仕事だったのです。どうやったら目的とするアミノ酸を効率的に作れるか。それが会議の内容（なすべきことの中心）でした。職場では、「人の気持ちが分かるよりも、大腸菌の気持ちが分かるほうが偉い」といった言葉も聞こえたものです。

今にして思えば、それぐらい誰もが研究熱心だったといえますが、当時の私は人の心も大事にしたかったのです。そして、たくさん空回りをしました。人を傷つけました。それで心理やコミュニケーションに関することを、あらゆる角度から勉強し始めたのです。その過程で出会ったのが、本書で紹介する『神経言語プログラミング』（ＮＬＰ）です。

神経言語プログラミングがどのようなものかは、すぐ後で説明しますが、いわゆる理系だった私には『神経言語プログラミング』という名前が魅力的に感じられたものです。人の心やコミュニケーションについて、科学的に学べるのではないかと期待しました。そして実際に学んでみて、人と触れ合う喜びを実感した私は、退職してコミュニケーションを扱う仕事をするようになりました。それでも私の視点は、相変わらず研究者のものだったのでしょう。セミナーを通じて、クライアントとの関わりを通じて、私は多くの仮説・検証を繰り返してきました。人をプログラムとして理解するための視点を論理的に整理してきました。本書では、その視点を紹介しています。

私はこの視点を応用して、自分を含めた多くの人のプログラムを変える手伝いをしてきています。人間関係のトラブルや、日常生活の悪習慣、将来に関する悩みなどの問題解決から、ビジネスやスポーツ、就職などの目標達成まで、さまざまなサポートです。人生の転機のお手伝いには、映画の名シーンをスクリーンの中から見るような喜びがあるものです。人をプログラムとして理解して、そのプログラムを変えられれば、日々の生活が変わる。その実感があるからこそ、プログラムという見方を説明しています。

それは、人が「なんとなく」していることを理解するための説明モデルです。微生物がアミノ酸を作る仕組みを化学反応で説明するのと同様に、人が「なんとなく」やっていることをプログラムで説明するわけです。人の「なんとなく」を元素に分解して、化学反応のように理解するのです。つまり、今まで「なんとなく」で済ましていたものを、もっと細かく見ていくということです。

もしかすると、あなたにとっては、これまでよりも詳細に内面を見つめる必要があるかもしれません。もし、今、難しそうに感じたとしても大丈夫です。細かく見ていった先は、とてもシンプルになります。何より、人は関心のあることに対しては、自然と詳細に注目するようになるものです。車の好きな人は、見ただけで車種や年式まで分かります。電車の好きな人には、モーター音だけで車両が分かるほどの人もいます。ワインの産地や年代が分かるのも、ワインが好きだからでしょう。仕事に関することだって、他の業界の人には見当もつかないほど詳しいはずです。

「大腸菌の気持ちが分かる」人は、大腸菌への関心が高いわけです。

以前から私は、人への関心が高かったのだと思います。にもかかわらず、詳しくはありませんでした。どうやって理解すれば良いか、分からなかったからです。きっと多くの方がそうなのでしょう。そこでプログラムなのです。プログラムという視点で整理することで、いままで手がつけられなかった「自分」と「他人」というものが理解しやすくなります。関心を向けやすくなります。本書全体を通して、自然に詳しくなれると思います。

さて、プログラムという見方をするにあたって、私個人としては、とりあえず〝心〟ということを横に置いて捉えています。心は大事です。すごく大事だと感じています。その想いが私の原動力でした。でも、〝心〟とは別のこととして、人の行動や考え、感情などをプログラムとして理解する方法は役に立ちます。これが実生活に役立つのです。

「どうして、あんなことをするんだろう？」
「あいつは何を考えているんだ？」

「なんでいつも、こうなってしまうの？」

「どうすれば上手くいくんだろう？」

「これさえ解決できれば……」

「もっと活躍したい」


こうした気持ちになることは少なくないでしょう。人の心を理解するのは本当に難しいと思います。ですが心を理解するのは難しくても、このような**「気持ちが起きる仕組み」**は、プログラムとして説明できます。相手がその行動をとっている理由も、プログラムとして説明できます。プログラムとして説明できる以上、そのプログラムを変えることもできます。それは現実的に、大きなメリットではないでしょうか。

この方法論が、本書で紹介する**『神経言語プログラミング』**です。

■神経言語プログラミングとは？

『神経言語プログラミング』は、「Neuro-Linguistic Programming」を和訳した名称です。略して『ＮＬＰ』と呼ばれることのほうが多いようです。ここでも、以降は『ＮＬＰ』という略語を中心に使っていきます。しかし、「人をプログラムとして理解する」というコンセプトで話を進めていきますから、『NLP』が『神経言語プログラミング』だということは、心に留めておいてもらいたいと思います。

NLPを説明する表現はいろいろとあります。よく使われる説明を、いくつか紹介しておきます。興味のある方は、他のNLP関連の書籍にも当たってみてください。

まずシンプルな表現を紹介します。

NLPとは「人の主観的体験の構造の研究」だ、というものです。

難しい言い回しに聞こえるかもしれませんが、プログラムの考え方が腑《ふ》に落ちてくると、「確かに、簡潔に言い表している」と感じられるはずです。

ですが、この時点で覚えておいてもらいたいのは、〝主観的〟という部分です。**人はそれぞれ、違った体験をしている**、ということです。

育ってきた文化や環境が違えば、感じ方が違って当然です。

たとえば、私は日本の学校教育を受けていますから、授業中に何かを食べようという発想はありませんでした。高校のとき、後ろの席の福岡君が、授業中に〝早弁〟をしていましたが、それでも隠れながら食べていました。私と福岡君のプログラムが違っていたのは言うまでもありませんが、それでも「授業中に弁当を食べてはいけない」ことを知っていた部分は、共通していたはずです。

ところが、アメリカの大学では、授業中でも気軽に食事をするようです。ドーナツぐらいは当たり前。場合によっては、授業が終わる一〇分前から食べ始めることもあります。私などは、「もうすぐ休み時間なんだから、少し我慢すれば？」と思ってしまいますが、文化が違うのです。その文化の中で生活をしながら作られてきたプログラムが、違った行動を生み出すわけです。

同じ「教室の中」「授業中」という環境にあっても、プログラムが違うことで、その人が〝主観的に〟体験している内容が違っている、ということです。そのため、「お腹がすいた。でも我慢しよう」となるのか、「お腹がすいた。だから食べよう」となるのか、それぞれ違ってくると考えます。文化が主観的な体験の仕方に影響する例です。

またＮＬＰでは、もっと細かいレベルの体験も見ていきます。客観的には同じような行動をしている場面でも、〝主観的〟には違っているケースです。

たとえば、私は書道をやっていますが、先生と私とでは同じ文字を書いても体験の中身が違います。使っている道具は同じです。ですが、筆の弾力や紙の摩擦をどのように感じて、文字をどのように見て、何に注意を向けながら書いているのかは、きっと別物のはずです。だから結果（書かれた字）が違ってくる。

つまりＮＬＰにおいては、技術の違いとは、**主観的に体験している内容の違い**だと言えるわけです。

野球が上手いのも、サッカーが上手いのも、歌が上手いのも、絵が上手いのも、「何に注意を向けているか」という主観的な体験の違いだと考えます。さらには、アイデアが沸きやすいとか、行動力があるとか、リスクマネジメントが得意だとか、いわゆる「能力」とされるものも、主観的な体験の違いとして説明します。食べ物の好みさえも、その視点で説明できるのです。これに関しては、第7章で詳しく解説します。


ということで、以上がNLPを説明する一つの考え、「人の主観的体験の構造の研究」の話でした。人それぞれ違った体験をしていて、その中身を詳しく理解していきたいと考えるのがNLPの発想の基本だということです。まさに、人が「なんとなく」やっていることを理解するための発想と言えるでしょう。この辺りの内容は、プログラムの仕組みを第2章と第3章で解説するときに、じっくり理解してもらえればと思います。

この段階では、

- **人それぞれプログラムが違う**
- **「なんとなく」を決めているプログラムについて、詳しく見ていく**

というのがＮＬＰの基本的なスタンスだと知っておいてください。

■神経言語プログラミングの成り立ち

「ＮＬＰとはどういうものか？」を伝えるときには、また別の角度から、「どのように使えるか」という観点で説明されることもあります。「ＮＬＰで何ができるようになるか」と言い換えても良いかもしれません。

ＮＬＰはビジネスで成果を出すためにも役立ちます。人間関係を円滑にするのにも役立ちます。自分自身の目標達成にも使えます。自分の困っている習慣を変えるのにも使えます。人を指導・教育するときにも役立ちますし、影響力の大きいプレゼンテーションをするのにも効果的です。コーチングやカウンセリングを通じて人を支援するのにも使われます。とにかく応用範囲が広いのです。大風呂敷を広げてしまえば、「人間がやっていることなら、何でも扱える範囲だ」と考える方法論なのです。

こういう言い方をすると、「ＮＬＰは万能なのか？」と思われるかもしれません。少しややこしいですが、ＮＬＰ自体が万能なのではなくて、**「どんなものでも人間のしていることはＮＬＰで説明できる」**ということなのです。ＮＬＰという物の中に、何にでも効果を発揮する方法が入っているのではない。ＮＬＰは、どんな病気にでも効く万能薬ではないのです。

むしろそこには、ＮＬＰという説明の仕方を使っていろいろな分野を調べた成果が、たくさん蓄積されているといえます。

そのまま薬で喩えていうなら、薬に対する化学、という位置づけのようなものです。ＮＬＰとは何にでも効く薬ではなくて、薬に関するさまざまな説明を可能にする化学のほうに位置づけられるものなのです。

薬であれば化学で説明できます。どういう構造なのか、どのように作用するのか、何に効果があるのか……。化学の理論を使えば、薬が効くメカニズムを詳細に説明できます。

ですから、頭痛薬にも、下痢止めにも、キズ薬にも、かゆみ止めにも、抗生物質にも、化学は使われています（化学を使って作られています）。どの薬も化学の応用範囲だといえます。

ですが、化学を知っているだけでは、頭痛は治りません。誰かが頭痛に薬が効くメカニズムを化学の視点で調べた結果、頭痛薬があって（実際にはこの順番が違うこともあります）、そして、どれかを選んで飲む必要があるわけです。

同じように、誰かがＮＬＰの視点で、「人間関係を円滑にする方法」を調べた結果、「人間関係を円滑にする技術」が作られた、ということです。一方、どのようにして人が説得されるかを研究した成果はビジネスに応用されます。どのようにしてＰＴＳＤから回復されるのかを研究した成果は、セラピー（心理療法）に用いられます。それらの技術が、総合的に『ＮＬＰのスキル』として紹介されています。

ですから、ＮＬＰの視点でビジネス分野を研究した人、ＮＬＰの視点で目標達成を研究した人、ＮＬＰの視点でセラピーを研究した人、……そういった幅広い分野の研究成果が、ＮＬＰの応用範囲を広げているのです。

このようにＮＬＰは時代とともに研究が進み、発展してきたという背景がありますから、ＮＬＰを説明するときには、その歴史から伝えられることも良くあります。つまり、ＮＬＰがどうやって生まれたか？　という話です。

ＮＬＰは一九七〇年代に、三人の心理療法家を研究したところから始まりました。その三人とは、ゲシュタルト療法のフリッツ・パールズ、家族療法のヴァージニア・サティア、催眠療法のミルトン・エリクソンです。彼らは三人とも、まったく違ったセラピーのスタイルで、素晴らしい成果を出していました。

そのセラピーのやり方を研究したのが、ジョン・グリンダーとリチャード・バンドラーです。その研究成果から生まれてきたのがＮＬＰなのです。

実際には、そこから多くの人たちがＮＬＰの研究に携わり、現在のように幅広く応用されるまでに調査の範囲を広げたわけですが、ＮＬＰが心理療法家の研究から始まったことの影響は、今もなお色濃く出ています。

それこそが、「人の変化」に焦点を当てている部分でしょう。つまり、どうしたらプログラムを変えられるか、ということです。

見方を変えれば、心理療法とは、人のプログラムを変える方法とも言えます。「本人も分からないけれど、なぜかそうなってしまう」のが心理療法の扱う問題ですから。

たとえば、催眠療法家のミルトン・エリクソンの症例には、夜尿症、幻聴、強迫性障害（一つのことが過剰に気になってしまうケース。何時間も手を洗っているような状態）など、さまざまな内容が記録されています。こうしたものは、いずれも本人がいくら頭で考えて頑張っても対処できません。

そうした症例にあたっていた心理療法家を研究したところから、NLPが始まっているのです。であれば、NLPにプログラムを変えるための技法がたくさん盛り込まれていても自然なことだと思います。

NLPでは、プログラムを変える以外の技術も研究されています。

信頼関係を築く技術や、交渉の技術、心を打つ話し方の技術などもあります。なかには、セラピーで使われていた、相手の気持ちへ影響を与える言語パターンなどもあって、ビジネス分野への応用の事例も多数耳にします。

ですが、それらの内容をお伝えするのは別の機会に譲ることとします。あくまで本書では『プログラム』の観点に絞って話を進めます。それこそがＮＬＰの根底にある部分だと私は考えていますし、そうすることでＮＬＰをスッキリと整理できるでしょうから。

・人の行動や思考、感情をプログラム（〜すると、……になる）として理解する。
・そして、そのプログラムを変えることができる。

そのための方法論がＮＬＰだ、と。このポイントをカギとして、少しずつＮＬＰの中身に入っていきましょう。

■プログラムの基本性質（「〜すると、……になる」）

では、プログラムについての最初の説明です。ここで覚えていただきたいのは「プログラムの性質」です。第2章からプログラムの詳しい中身に入っていきますが、そこでも共通する内容ですから、今の時点で大まかに把握しておいてください。最初は二つの性質から。

といっても、私たちの日常に結びついた話ですから、わざわざ新しく覚えるというよりも、ご自分の体験を思い出して「あぁ、確かにそうだなぁ」と感じていただくぐらいで良いと思います。プログラムに関する説明は、誰もが自分自身の体験を通して知っているはずのものばかりです。

ですから、用語の印象は気にせずに、ご自分の体験と関連させて理解してもらえれば結構です。

さて、二つの「プログラムの性質」です。

1．プログラムは体験によって作られる
2．プログラムは状況に依存する

1．プログラムは体験によって作られる

一つ目の『プログラムは体験によって作られる』とは、学習の話です。「学習」とは、いわゆる学校の勉強のようなものではなく、もっと広い意味のものを言います。

心理学で**「学習」**といえば、例としては、有名な『パブロフの犬』の実験も学習に関するものです。犬にエサをあげるときにベルを鳴らしていると、ベルの音を聞くだけでヨダレが出るようになる、という話ですね。それから、ネズミがエサを目指して進む迷路を短時間で解けるようになるのも学習です。人間が言葉を話せるようになるのも、社会性を身につけていくのも、スポーツが上達するのも学習といえます。

ですから、学校を出た後も、人はずっと「学習」をしているわけです。どんなに学校の勉強が好きではなかった人も、自分の仕事のやり方を学習しています。時には人から教わり、時には他

の人のやり方を参考にし、時には自分の経験からコツを掴んでいく。学習が進むと、意図的に注意を払いながらやらなくても「なんとなく」自然にできるようになります。それが**「プログラムが作られた」**ということです。

ですから、学習が定着して「プログラム」が作られるためには、**「回数」**が重要だといえます。今、挙げた例は、いずれも回数で習得されるものばかりになっていますね。プログラムが作られる一つの条件は、**「同じ体験を繰り返す」**なのです。

毎日、同じ道を通って会社に通っているから、考えごとをしていても、半分寝たような状態でも、酔っぱらっていても、ちゃんと家に帰って来られるわけです。スポーツでも、楽器でも、料理でも、繰り返し体験することで、決まったパターンがプログラムとして定着していくのです。

その意味では、訓練が欠かせないわけです。小学校・中学校ぐらいの勉強の多くは、実際には「訓練」だと言えるはずです。算数はトレーニングや練習のようなものでしょう。「算数のお勉強」と言うと抵抗を感じる子供も、「算数のトレーニング」と言われれば印象が変わるかもしれません。私も数学がトレーニングのものだと知っていたら、もう少し数学が好きになっていた気がします。

以上の話では、技術を担当するプログラム（動作や作業に関するプログラム）の側面に絞って説明してみました。

そして、もう一つNLPで扱うターゲットとして重要になるのが、**「感情的な反応に関するプログラム」**です。「具体的に何をするか」ではなく、**「なぜか、こんな気持ちになってしまう」**ほうです。

「なぜか、怒ってしまう」
「なぜか、緊張する」
「なぜか、ヤル気がでない」

現実的には、行動に移す前の段階として、気持ちが沸き起こることが多いものです。たとえば、部屋の掃除をするときなら、掃除をするための行動の前に、「掃除しよう」という気持ちになっているはずです。掃除をするプログラムは人それぞれ中身が違えども、多くの人が持っているものです。だからこそ、実際に掃除を始めたら、その人なりのやり方で自然と掃除ができるのです。

しかし、「掃除をする気持ちになる」プログラムには大きな違いがあります。「あそこが少し散らかっているな。じゃあ片付けよう」というプログラムの人（A）と、「あそこが少し散らかっているな。……でも、まぁ、いいか」というプログラムの人（B）では、結果が変わります。「掃除をする」行動に移すか、移さないか、に差が生まれるわけです（もちろんAが掃除をして、B

が掃除をしない、というわけです）。

ですから、行動のプログラムだけでなく、感情のプログラムが重要になるケースが多いのです。

また、もっと直接的に、感情そのものが問題となる場合もあります。つい、カーッとなってしまう。なぜか無性に不安になる。緊張してどうしようもない。見ただけでパニックになるぐらい怖い。……これもまた、プログラムです。

私は小学校の頃、犬が恐かったのです。噛まれた経験はありません。ただ、テレビで「オバケのＱ太郎」を見ていました。主人公のＱ太郎は犬が苦手で、毎回犬に追い回されていました。それを毎週見ていたので、私の中には「犬は人を追いかけるものだ」というイメージができあがっていました。つまり「犬は怖い」というプログラムが作られていたのです。

ある日、いつものように友達の家に遊びに行ったところ、ちょうど友達のお母さんが犬の散歩から帰ってきたところでした。玄関先でインターホンを押しているときに犬に遭遇したのです。私の中には恐怖が沸いてきます。「追いかけてくるかも……」。

そうしてビクビクしていると、なんと、犬のロープが外れて、私に向かってきたのです。小さな柴犬でしたし、吠えない犬だったと思います。今思えば、喜んで走り寄ってきただけだったのでしょう。ですが、私はドアを背にして逃げ場を失い、恐怖におののいて、立ったまま凍りついてしまいました。

……しかし、それから数年後、我が家で犬を飼い始めました。ゴールデン・レトリーバーの仔犬がやってきたのです。人を追いかけることもできないぐらいの仔犬でしたから、怖さもありませんでした。それから一二年、家で一緒に生活をしました。

そして、私の中の犬のイメージは、「人を追いかけるもの」から、「家族の一員」へとスッカリ変わっていきました。

「オバケのQ太郎」で、追いかけられるイメージを繰り返し見ていたことで、犬を怖がるプログラムが作られた。それが、仔犬から一二年間、愛犬と一緒に生活をして、楽しい思い出を繰り返したことで、犬を見ると微笑んでしまうプログラムに書き換えられた。体験の回数によって感情的な反応が作られる、という例ですね。

もう一つ、プログラムが作られるときに重要になるのが**「感情的インパクトの強さ」**です。実際には、恐怖にまつわる体験だと記憶に残りやすいようですが、感情の動きが大きいほど記憶が定着して、プログラムが作られやすくなる、といえます。いわゆる〝トラウマ的な体験〟は、この恐怖の強さによって記憶が鮮明に定着していることが多いものです。

たとえば、ある受講生は、交通事故にあってから車の急ブレーキの音が恐くなったと言っていました。知り合いのタケル君は、やんちゃな子供時代に土佐犬と対決をしようとして檻の中に入り、襲いかかられて危険な目にあったそうです。それから大きい犬が恐くなった、と。本当にインパクトの強い体験は、一回で学習を完了させて、プログラムを作り上げてしまうわけです。

ですから、

「感情的インパクトが強い」ほど、少ない「回数」でプログラムが作られ、**「感情的インパクトが弱い」**ほど、プログラムが作られるのに必要な「回数」が増える。

ということです。

ちなみに、喜びや感動などの〝快〟にまつわる気持ちも「感情的インパクト」に含まれますから、プログラムを変えるときには、喜びや感動を強めることが一つのコツになります。カウンセリングの場面では、プログラムを変える作業の中心部分で感動を高める工夫をしたりします。また、グループのワークショップやセミナーでは、他の参加者との交流によって喜びや感動を高めるように意図しています。そうすることでプログラムを変える効果を高めようというわけです。

私が犬を飼ったことで「犬が恐い」プログラムから「犬が好き」なプログラムに変わったように、**プログラムは体験そのものでも変えられる**のです。ＮＬＰの手法や心理療法の技術は、プログラムを効率的に変える体験の仕方になっているといえます。

その意味では、そうした具体的な手法を使わなくても、参加者同士の交流だけでプログラムが変わっていくことも充分に可能なのです。もちろん、事前に皆さんの目的を把握した上で工夫をしていきます。ただ、何をしているかを気づかれたら元も子もありませんから、セミナーの満足度には影響しない部分ではありますす（同時に、それこそが、セミナーやワークショップの内容そのものとは別のレベルで効果を上げる部分であって、〝腕の見せどころ〟として気合いの入る部分なのです）。

2. プログラムは状況に依存する

二番目の性質は、**「プログラムは状況に依存する」**です。プログラムが使われ始めるのには、決まった場面があるということです。いつもすべてのプログラムが働いているわけでもなければ、突然、何の脈絡もなくプログラムが動き出すわけでもないのです。

決まった条件が整うと、プログラムが働き始めます。パソコンで喩えると良いかもしれません。パソコンのワープロ・ソフトや表計算ソフトは、アイコンをダブルクリックしたときに起動します。ただ、何も操作せずに一〇分ぐらい経つと、スクリーン・セーバーが起動します。また、表計算ソフトの中でしか使われないプログラムもあります。入力したデータをグラフにしてくれたりするプログラムは、「表計算ソフトが起動している」条件で、「グラフツール」をクリックすると起動する……といった具合です。

逆に、キーボード操作とかマウス操作のように、パソコンが起動している限り、共通して幅広く使われるプログラムもあります。もちろん、それもＯＳが変われば事情は違ってきます。

同様に、「犬が恐い」プログラムは、犬を見た瞬間に恐怖感が沸き上がる、という形で働くわけです。状況として「犬を見る」ことが条件になっているのです。本当に犬が恐い人は、「あの曲がり角から犬が出てくるんじゃないか……」と、〝見通しが悪い場所〟がプログラムの作動する条件になっていることもあります。それでも、「犬が恐い」プログラムは、おそらく船に乗って釣りに出かけているときには動き出さないでしょう。また、「掃除をする気にならない」プログラムであれば、〝部屋が散らかっているのを見る〟という状況になって初めて動き出します。

グラフツールが表計算ソフトの下でしか動かないように、たとえば、「苦手な上司に会うと委縮する」プログラムも、まず会社に入った瞬間に「仕事モード」のプログラムが働き、そのプログラムの下で〝上司の顔を見る〟という状況になると、動き出すことになります。会社で、上司の顔を見ると委縮する。ですから、日曜日にバッタリ公園で出会ったりすると、意外と大丈夫だったりするのです。

同じように、バイリンガルの人が外国語を話し始めると、途端に振る舞いや態度が変わって見えることがあります。これも「言語」という幅広く使われるプログラムの下で設定されたプログラムがある、という例ですね。使う言語が変われば、その言語に関連づけられたプログラムが使われるようになる、と。

一方、「時間の捉え方」のプログラムなどは、多くの状況で共通して使われています。もちろん、これも状況によって変わると考えるのが原則です。時間の話に関しては、また後の章で説明しましょう。

ここで覚えていただきたいのは、**プログラムは状況によって動き始めるものだ**、ということです。

人の行動や考え方、感情の動きは、すべてプログラムされていると考えます。そして、そのプログラムは状況に依存しているのです。

ということは、あなたが知っている**あの人の行動パターンや感情の起伏は、**あなたの知っている**状況に依存したプログラム**かもしれないわけです。

「あの人は怒りっぽい人だ」

「あの人は本当にユーモアがあって皆を楽しませてくれる人だ」

そんな印象さえも、状況に依存したプログラムの結果かもしれないのです。実は、別の場面ではまったく違った側面を見せているかもしれません。良く聞きますよね？　あの恐い上司が家では奥さんに頭が上がらない、とか。

相手をプログラムで理解するメリットの一つは、相手をこういう人だと決めつけて判断しなくなることです。これは、一人の人と深くかかわるときには特に重要です。

たとえば、会社でいえば、それは人事採用に代表されるでしょう。時間をかけて会社にあった優秀な（と感じて）人材を採用したのに、すぐに辞められては困るし、ましてや期待した能力を持っていない人であっては問題になるかもしれません。ですから、採用試験や面接で色々と工夫をして、その人の能力や性格を判断しようとします。

しかし、試験や面接のときに見せていたのは、その場面だけに対応したプログラムだった可能性があるわけです。

「いざ会社に入ってみたら、思っていたよりも……」ということがあり得るのは、そのためです。採用試験では〝同世代の中で〟積極的に発言していたのに、実際の会社の会議では〝上司がいる前で〟縮こまってしまう。そういうことがあり得ます。

ですから、「プログラムは状況に依存する」という観点からすると、採用の際に、あまりに奇抜なテストをしてしまうと判断が難しくなるといえます。採用の方針にもよりますから一概には言えませんが、「こういうプログラムの人を採用したい」と思うなら、そのプログラムを発揮して欲しい場面を想定するほうが確実です。

「このような場面で、こういうプログラムを使う人を採用したい」

この視点は、かなり役に立つはずです。

それから、もう一つ。

プログラムが状況に依存することが掴めてくると、自分の**プログラムが動き始める瞬間**に気づけるようになります。

すると、その時点で、もう自動的でなくなるわけです。

恐怖症のようなプログラムだと自動化が強くなっていますから、気づくだけでは対処できない可能性があります。ですが、もっと日常的な、習慣のようなプログラムであれば、気づくことで対処できる場合が以外と多いものなのです。

たとえば、受講生の萩本さん（仮名）は、会話がエスカレートしてくると相手を指さす癖がありました。それで、これを変えたい、と思って講座に参加した。そこで一〇日間の講座の中で、他の受講生と罰ゲームを決めて、「指さし」プログラムが作動した瞬間に中断するように努力をしていきました。気づけないときには皆から指摘をされながら、少しずつ自覚を高めていって、最後の方には自分の意志でコントロールをしていました。時折、つい指をさしてしまいそうな右手の人差指を、力技でメキメキと曲げている素振りも見せていたのが懐かしいです。

また人間関係でも、お互いのプログラムが自動反応として相互作用すると、悪循環に入っていってしまうことが良くあります。ケンカが起きるときは、これが顕著です。

その場合にも、「プログラムが動いてきたな」という瞬間に、普段と違うことをするだけで悪循環から抜けられることがあります。

普段はすぐに謝って、それが逆に怒りを買う。謝るほど、相手は怒っていく。そんなときに、少し気持ちを落ち着けて、普段の自分ならしないことをしてみるわけです。おどけてみるとか、泣いてみるとか、逆に質問をしてみるとか、部屋を変えてみるとか。上手くいくものが見つかる場合があります。

ですが、**最も重要なのは、違う行動をすること**。それ自体に意味があります。結果として上手くいくかどうかの前に、違うことができるようになるのが大切なのです。

これまでプログラムで自動化されていたワンパターンな流れを変えられるようになる。プログラムが動き始める瞬間に気づき、他のことができるようにする。そこから可能性が広がります。工夫する気持ちから、少し余裕が生まれます。

ですから、まずはプログラムが動き始める瞬間を自覚するのが大切なのです。それだけで対応できることがたくさんあります。

ということで、プログラムの基本性質はよろしいでしょうか？

1．プログラムは体験によって作られる

2．プログラムは状況に依存する

ですね。

このことを踏まえると、ＮＬＰがプログラムを変えることを中心としている理由が見えてきます。

■なぜプログラムを変えるのか？

ここから少しずつ、メカニズムっぽい話に移っていきます。シンプルに整理していくためです。

これまでの話では、ＮＬＰの中心は「プログラムを理解して」、「プログラムを変える」ところだと説明してきました。では、なぜ、プログラムを変えることを重視するのでしょうか？

それは、**人が何かの欲求を持つときには、どこかに変えたい部分がある**、ということと関係します。

お腹がすいているのであれば、食事をすることで〝空腹感を解消したい〟。腰が痛いのであれば、〝痛みを取りたい〟。職場の人間関係が辛いから、〝ストレスを減らしたい〟。給料を上げたいから、〝出世したい〟。レギュラーとして試合に出るために、〝野球が上手くなりたい〟。国際的に活躍したいから、〝英語が話せるようになりたい〟。……どんな欲求でも、変化させたいところが含まれているはずです。

そして、変化させたいところを自分で簡単に変えられる限りは、問題ではないわけです。

そこに何か、自分の意志だけでは簡単に変えられないものがあると、問題や目標が生まれます。ニーズと言っても良いかもしれません。その場合に考えられる対処は、大きく三つです。

・自分の行動や振る舞いを変える、か
・自分以外の周りの状況を変える、か
・まだ変えずに先送りする、か

です。

先送りも悪くないのです。まだ変える時期でないなら、待つというのも大切な選択です。ただ、それにはＮＬＰの技術は必要になりません。

それから二番目の「自分以外の周りの状況を変える」ですが、これも大切な選択肢の一つです。会社の人間関係が辛いなら、会社を辞めるのも一つの選択です。近所づきあいが苦しいなら、引っ越すのも一つの選択です。自宅での介護が大変過ぎるなら、福祉施設の力を借りるのも一つの選択です。忙しいなら、家政婦さんを雇うのも一つの選択です。

本質的には、早く目的地に着きたいからタクシーを使うのと変わらないのです。周りの状況や環境を変えることで、問題に対処するやり方です。これもＮＬＰの技術は使いません。

ただ、「そうはいっても、状況を簡単に変えられないから困っているんです」という声もあると思います。「そんな簡単に今の会社を変えるわけにはいきません」、「引っ越しなんて、お金に余裕がありません」、「福祉施設を利用するのは罪悪感があります」、……そうなってくると、「変えたい」のは状況ではなくなります。自分の行動や振る舞い、考え方を変えたいことになります。この場合には、NLPの出番が近づきます。

また、上司に態度を変えてもらいたいとか、息子に変わってもらいたいとか、もう少し夫に家事を手伝ってもらいたいとか、社会のシステムがおかしいんだとか、……そういうのもNLPの得意分野ではありません。

しかし、あの上司に対しても言いたいことを堂々と言えるようになりたい。あの息子と上手く関われるようになりたい。夫に上手く要望を伝えられるようになりたい。この社会の中でも、自分の好きなことをして生きたい。……こちらであれば、NLPで扱える範囲に入ってきます。

つまり、**自分の意志で、自分の行動や振る舞いを変えたいときには、NLPが効果的**だということです。

これは目標がある場合でも同じです。

NLPで扱うと効果的なのは、目標に向けて**「まだできていない」**ところです。まだできない。でも、できるようになりたい。細かく見ていくと、そういうところがあります。

よく「長所を伸ばす」といった言い方がなされます。発想としては大切です。ですが、細かく見れば、伸ばせる場所は「まだできていない」ところのはずです。どんなに超一流のアスリートでも、練習しているのは「まだできていない」ところを、より確実にできるようにするためでしょう。言い換えれば、課題ということです。目標を達成するための課題です。「目標を達成するには、これをできるようになりたい」。そういう「まだできていない」部分を絞り込むと、ＮＬＰが非常に使いやすくなります。

ＮＬＰは、「できない」ことを変えるのが得意なのです。

ちなみに、ＮＬＰの視点で目標達成を研究した成果もあります。それを活かしたスキルも作られています。ですが、それは本書の「プログラムを理解して、プログラムを変えられるようにする」という目的から少し外れます。

あくまで「プログラム」の視点に絞るために、達成したい目標がある場合にも、そのなかで「できない」ところをターゲットにしていきましょう。

できないところに目を向けると自信がなくなるような気がするかもしれませんが、大丈夫です。できるようにすれば良いのですから。以前はできなかったものが、できるようになったら、そっちのほうが自信にもなるでしょう。

それでは、ここで「できない」を整理してみたいと思います。「できない」ことの種類を区別できるようになると、どうしたら「できる」ようになるかが分かってきます。

■3種類の「できない」

シンプルに分類すると、「できない」は三種類に分けられます。

1. 知らないから、できない
2. 上手くないから、できない
3. 分かっているのに、なぜかできない

一つずつ説明しましょう。

1. 知らないから、できない

まずは「知らないから、できない」です。これは**「知識がない」**ということです。情報が足りないから、何をするかさえ思いつかない。やり方を知らないから、できない。知ってさえいれば、できるのに。……そういうときです。この場合は、方法を知識として教えてもらったり、調べたりすることで解決します。ですから、これはＮＬＰが扱う内容ではありません。

専門性の高い仕事は、このレベルの「できない」をサポートすることが多いものです。ビジネスのコンサルタントは専門知識を利用して、どうしたら経営などが上手くいくかを教えてくれます。薬局の薬剤師は、どの薬が良さそうかをアドバイスしてくれます。何をしたらいいか知らない場合、知識が足りない場合には、教えてもらえば問題が解決することがあります。

たとえば、どんなパソコンが良いのか分からないから〝新しいパソコンを買うことができない〟としたら、それは「知識がない」ため、と考えます。ですから、「知識」を得るために詳しい友達に聞くとか、インターネットで調べるとか、家電量販店の店員に聞くとか、そうすることで解決されます。

知識がないなら、知識を入れれば良い。

「そんなことで困らないよ……」と思うかもしれませんが、知識が足りない状態で頑張ろうとする人は、意外といるものです。


「とりあえずやってみよう」

「たぶん、こうすれば良いんじゃないかな？」

「たしか、こうだったはずなんだけど、おかしいなぁ……」

このように長いこと困り続ける場合です。詳しい人に聞けば、すぐに解決するかもしれないのに。ですから、「できない」ときには、〝「知らない」だけではないか？〟とチェックしてみることも重要です。

2．上手くないから、できない

二番目は「上手くないから、できない」です。**「技術」**が足りない、ということですね。この場合は、トレーニングが必要です。練習をして、技術を向上させることが求められるケースです。

「やり方は分かっているつもりなんだけど……。うーん、上手くいかない」

一般的には、先生やインストラクターについて指導を受けることで、「できない」を「できる」にしていきます。スポーツでも、趣味でも、仕事でも、語学でも、算数でも、さまざまな場面で良くあることです。

先ほどのパソコンの例をそのまま使えば、新しいパソコンの情報はたくさんあるんだけど、選択肢が多過ぎると、〝どれが一番良いのか決めることができない〟というのが当てはまります。複数の選択肢の中から、自分にとって最も望ましいものを選ぶ。そこの「技術」が足りない、と。人によっては、いつも店員の勧めるままに選んでしまって、後から「こんなの、いらなかった」と後悔したりするようです。

ところが、世の中には、いつも自分にとって最適なものを選んで、一年後であっても「やっぱり、これは良い買い物だったなぁ」と言える人もいる。

ここに「技術」の違いがあるわけです。つまり、**上手くいく人と、上手くいかない人では、プログラムが違う**といえます。ですから、ＮＬＰが役に立つ部分となります。

上手くできる人のプログラムを学び、そのプログラムを繰り返し経験して、自分の中に定着させていく。これをＮＬＰでは**「モデリング」**と呼びます。モデリングについては第7章で詳しく説明することにします。

ＮＬＰではプログラムに注目しますから、上手くできないのは、「上手くできる」プログラムがないからだ、と考えるわけです。だから、できないのは当然の結果だと考えます。

変な言い方ですが、反対に、上手くいかないプログラムは、予定通り〝上手く〟機能しているのです。それで予定通りの結果になっている。ただ、本人がその結果を望んでいないだけ。であれば、上手くいくプログラムを、新しく作る必要がある、ということです。

ですから、「上手くないから、できない」場合の重要なポイントは、「上手くいくためのプログラムがない」ことになります。ここは次の種類の「できない」と区別をする上で大切です。

3．分かっているのに、なぜかできない

三番目の「できない」は、「分かっているのに、なぜかできない」です。これは、「本来ならで

きるのに……」というのが前提です。

二番目の「できない」と絡めると、この「分かっているのに、なぜかできない」には、**「上手くいくためのプログラムが〝ある〟」**ことになります。ただ残念ながら、上手くいくプログラムが作動しなくなっているのです。その前の段階で、別のルートに行ってしまうわけです。

心の悩みの多くには、この「分かっているのに、なぜかできない」の要素が含まれやすいものです。たとえば、頭ではそんなに何度も確認しなくても良いと分かっているのに、鍵をかけたかが物凄く気になってしまう。頭では、これを食べたらダイエットできないと分かっているのに、どうしても我慢できずに食べてしまう。もっと自分に自信を持てば良いのは分かっているのに、やっぱり「自分はダメだ」と感じてしまう。練習では上手くできているのに、本番になると途端におかしなことになってしまう。

こうした行動や反応に本人が困っているほど、「ああ、またやっちゃった……」という後悔の感じがつきまといます。

再びパソコンを購入する例で説明しましょう。新しいパソコンの情報は店員に聞けば分かる。自分にとって大切なものを選択する方法も身についている。でも家電量販店にくると、なぜか〝タイムセールの文字に惹きつけられて、「限定三つ！」と言われると、そのパソコンが必要かどうかを考える前に、つい買ってしまう〟。こういった状態です。

「知識」もある。「上手くできる」ためのプログラムもある。でも、そのプログラムを使う前に、別の我慢できない反応に衝き動かされてしまう。これが「分かっているのに、なぜかできない」例です。

これらの場合には、ある状況になるとプログラムが動き始めている、と考えます。その嫌な反応を自動的に引き起こすプログラムがあるわけです。

これこそＮＬＰの中心テーマです。**既にある、嫌な反応を引き起こすプログラムを変える**のです。そのための方法論がＮＬＰの中核だといえます。これは第６章で詳しく扱います。

ここでポイントになるのは、この嫌な反応を引き起こすプログラムさえ変えられれば、後は自然に解決される、ということです。

なぜなら、上手くやるプログラム自体は持っているからです。時間の流れとしては、上手くいくプログラムよりも前に、嫌な反応を引き起こすプログラムがあることになります。そのプログラムを変えることで、既に持っている上手くいくプログラムのほうへ、流れを変えてやろうという発想です。

ですから、この嫌な反応を引き起こすプログラムを特定して、そのプログラムが動く条件が分かれば、ＮＬＰの方法論を使って対処ができるのです。ピンポイントでプログラムを変えていきますから、一般的に即効性があるともいえます。

■「できない」が「できる」に変わる

以上の「できない」の三種類、よろしいでしょうか？

まず、「できない」ところに絞り込んで、「できない」を分類します。考え方の順序は1↓2↓3と進むのが良いでしょう。

知識はあるか？　知識がないなら、最初に情報を仕入れましょう。

知識はある。では、上手くできるか？　やろうと思えば上手くできるのか？　できなければ、技術を向上させるためのトレーニングをしましょう。新しくプログラムを作るケースです。NLPではモデリングが効果的でしょう。

知識もある。やろうと思えばできる。できていた時もある。でも、なぜか、その時になるとできない。この場合には、問題となるプログラムがあります。自動反応があります。ですから、そのプログラムを変えるケースです。さまざまなNLPの方法論が役立ちます。前述のように、自動反応の程度が軽めであれば、プログラムの始まりに気づくことで意思の力で対応できることもあります。

ここは重要ですので、もう一つだけ例を挙げて、この考え方に慣れていただきたいと思います。セミナーの受講生からよく聞く日常的な悩みとして「人前で話せない」を使って考えてみましょう。ただし、ここでは三種類の「できない」を分類する練習ですから、やりやすくするために少し具体的にします。「結婚式のスピーチができない」。これでいきます。

結婚式のスピーチができない。この場合の1．「知らないから、できない」は、結婚式のスピーチの知識がないということです。ですから、お決まりのパターンとか、言ってはいけない言葉とか、盛り込むべき話題とか、そういったのを調べるために本を買ったりするのが良いでしょう。次に、2．「上手くないから、できない」ですと、これは話し方の技術の問題です。内容は決まった。原稿は作った。でも、人前で話すなんてやったことがないし……。そんなときは練習が必要です。話し方教室に行っても良いでしょう。スピーチの上手い人を参考にしても良いわけです。

それから、3．「分かっているのに、なぜかできない」です。内容も決まった。練習もした。オバマ大統領ぐらいの話し方だってできる。でも……。マイクの前に立つと緊張してしまって、頭が真っ白になってしまうんです……。そんなときは、「マイクの前に立つと、緊張する」というプログラムが問題です。このプログラムを変えるようにアプローチします。

いかがでしょうか？「できない」の分類のイメージは掴めましたか？ここの感じが分かって

くると、今あるプログラムが問題なのか、プログラムがないのが問題なのかが見えてきます。それによって、どのようにNLPを使えばいいかが判断しやすくなるはずです。

それから、もう少しだけ注意点をお伝えしておきます。「できない」理由に、**時間**や**お金**が出てきたら、気をつけてください。時間がないから部屋を片付けられない。お金がないからパソコンが買えない、などなど。

この場合には、本当に「できない」ことで困っているのは、何なのか？　と考え直してみてください。

時間がないなら、〝時間を調整することが「できない」〟かもしれません。〝忙しいのに、頼まれたら断ることが「できない」〟のかもしれません。部屋の片づけを、ゲームよりも優先〝できない〟のかもしれません。

お金の場合もそうです。〝もっとお金が欲しいのに、給料を上げることが「できない」〟のか、〝もっとお金を貯めたいのに、毎日飲みに行くのをやめることが「できない」〟のか、〝今のお金の使い方の中で、パソコンの順位を上げることが「できない」〟のか。

つまり、**本当に困っているのは、どこか？**ということです。

本当に「できる」ようになりたいのは、どの「できない」なのか？　どの「できない」を「できる」にしたら、上手くいくのか？　こういう発想で、「できない」の絞り込みからやり直してみてください。

そして、もう一つ。**人は、割と簡単に「できない」と口にする**ようです。「そんなこと、できません」と言いながら、実際には「したくない」という場合もあります。本当は「やりたくない」のです。

これは分けて考えましょう。この場合は、問題ではありません。困っていないのですから。できるようになりたくないわけです。ＮＬＰを使う上で整理したいのは、「できるようになりたい」けど「できない」という内容です。

変えたいと思っていること。これが重要です。

これに似た気持ちとして、「やらないといけないのに、やりたくない（できない）」というものもあります。ここには「やったほうが良い」という気持ちも混ざっていますね。「やりたい」部分もある。でも「やりたくない」気持ちが大きい。

この場合には、問題を少し大きな範囲で捉えてみると良いでしょう。「やる」か「やらない」か、気持ちが整理できない。こっちの「できない」を問題として扱うわけです。

先に「やりたい」か「やりたくない」かを整理して、それで「やりたいのに、できない」だったら、三種類に分類しましょう。

この注意事項は慣れてないうちは複雑に感じるかもしれません。ですが、実際に「できない」

の種類を分類していくと、こんな気持ちに遭遇することがあると思います。その時に思い出して、この部分を読み直してみてください。それまでは、「できない」を分類するだけでも充分に効果があるはずです。

一度、ここまでをまとめておきましょう。

ニーズがあるとき、欲求があるとき、そこには変えたいところがあります。変えられるのは、自分か、周りかのどちらかです。ＮＬＰが得意なのは、自分を変えるほうです。

では、自分の何を変えるのか？　「できない」ところですね。

どこが「できる」ようになったら、物事が一番上手くいくか？

その「できない」ところを絞り込みます。

そして「できない」を三種類に分類します。

「知らないから、できない」
「上手くないから、できない」
「分かっているのに、なぜかできない」

その「できない」に合わせて、新しいプログラムを作るのか、今あるプログラムを変えるのかを考える、と。

ここまで来たら、あとはプログラムを変えるだけです。といっても、そのプログラムを変える方法こそがＮＬＰの真骨頂ですから、本書の残り大部分はプログラムの解説です。人間は、どのようにプログラムされているのでしょうか？　どういう方法を使えば、プログラムが変えられるのでしょうか？　そこを楽しんでもらえたら何よりです。

第2章

プログラムとして人を理解する……1
――サブモダリティ／フレーム／アンカー

人の行動や思考、感情的反応は、プログラムされている。それなら、望ましくないプログラムは変えればいい。このシンプルな発想は、NLPという名前にも反映されています。

NLPは『神経言語プログラミング』の略だとお伝えしました。英語の表記では、『Neuro-Linguistic Programming』です。ここで注目していただきたいのが、ハイフンです。NeuroとLinguisticの間には、『-』（ハイフン）があります。NLPと三文字で略記するので『Linguistic』も大文字で始まっていますが、ハイフンで繋がれているということは、一単語だといえます。『Neuro-Linguistic』で一単語、つまり『神経言語の』という意味の単語だ、と。

それを考えると、『神経言語プログラミング』の意味は、「〝神経言語〟でプログラミングすること」と捉えられます。

人間の行動や、思考、感情的反応などをプログラムしている「プログラミング言語」を、〝神経言語〟と呼ぶことにする。そして人間のプログラムを書くときに使われているプログラミング言語（〝神経言語〟）を理解して、それでプログラムを書くことができるようになれば、プログラムを変えることができるはずだ。そういう発想が名前に現れているわけです。

脳を中心とした人体のシステムをコンピュータに喩えたら、〝神経言語〟が、「C言語」とか「JAVA」、「Perl」などのプログラミング言語に相当します。NLPはプログラミングの作業にあたるといえます。

パソコンを使ってプログラムを書くときには、パソコンの中を開けて作業はしません。プログラミングの作業に、パソコンの中身を知っている必要もないはずです。CPUのどこで、何を処理しているのか？　ハードディスクのどこにプログラムが保存されているのか？　それはプログラミングとは別のレベルの話です。

ですからNLPにおいても、〝神経言語〟で書かれた人間のプログラムを理解して、プログラムを書き換える作業をする上では、脳の仕組みは関係がないわけです。意識と脳の関係や、記憶と脳の関係は、NLPの範囲ではありません。

NLPはあくまで、プログラミングという〝ソフト〟の部分を扱うのであって、脳や神経といった〝ハード〟の部分は考えていないのです。

たまにセミナーで、「これは脳科学的には、どういうことなんですか？」などと質問されることがありますが、それはシステムエンジニア（ＳＥ）にハードディスクの原理を質問しているようなものです。ＳＥがプログラムを書いたときに、ハードディスクの何が変わったかは、ＳＥの興味の対象ではないはずです。あくまでＮＬＰは〝ソフト〟の話なのです。

ということで、ここからは、その〝神経言語〟というプログラミング言語の説明に進んでいきましょう。コンピュータのプログラミングに強くない方は、「プログラミング言語」なんて言われると難しそうに思うかもしれませんが、心配はいりません。私もコンピュータは素人ですが、ＮＬＰには困りません。

ＮＬＰの使いやすい理由の一つは、「プログラミング言語（〝神経言語〟）の中身として用いているものが、私たちが毎日体験していることだ」というところです。わざわざ新しくプログラミング言語を習得する必要はありません。

日常的に体験していること、つまり**目で見て、耳で聞いて、体で感じていることを、普段よりも注意深く扱ってみる**だけです。どうやって見て、聞いて、感じる癖があるのか。それをチェックして、調整していくだけなのです。ですから、新しく覚えることは、あまり多くないはずです。そのチェックの仕方、調整の仕方にパターンがいくつかありますから、この章では、そのパターンを解説していきましょう。

■プログラムを構成する要素①……サブモダリティ

プログラムの書き方には原則があります。

プログラミング言語に喩えて説明を続けるなら、単語と文法のようなものがあるということです。アルファベットを組み合わせると単語になって、単語を決まった文法通りに並べると、文章としての意味ができ上がる。

このような言語のルールと同じように、ＮＬＰでは人間のプログラムも、ある決まったパターンで書くことにしています（どちらかというと「人間が自然と学習してきたものを、プログラムとして決まったパターンで表現することにした」というほうが正確でしょう）。

実際には、化学式をイメージしてもらったほうが、ＮＬＰにおけるプログラムの表し方に近いと私は考えていますが、そこはどちらでも好きなほうで構いません。化学で喩えると、人間が主観的に体験している内容を、元素の組み合わせで説明するイメージになります。

「石灰水に息を吹き込んだら白くなりました」を「$Ca(OH)_2 + CO_2 \rightarrow CaCO_3 + H_2O$」という化学反応式で説明するのが化学。「犬を見たら恐怖感が沸いてきます」とか「マイクの前に立つと緊張する」といった体験を、〝要素〟の組み合わせで説明していくのがＮＬＰです。

この〝要素〟をNLPでは**『サブモダリティ』**と呼びます。

サブモダリティを色々と組み合わせて、「犬を見たら恐怖感が沸いてくる」を表す、ということです。この『サブモダリティ』が、プログラムを構成する要素の一つ目です。まずは、サブモダリティについて説明します。

サブモダリティとは、「五感で識別できる情報の要素」です。

NLPでは、五感を大きく三つに分類して扱います。視覚・聴覚・体感覚です。視覚と聴覚はそのままですが、残りの味覚、嗅覚、触覚（触れた感じ）、温覚（暖かさ）、冷覚（冷たさ）、痛覚（痛さ）、圧覚（押さえられた感じ）、内臓感覚などは、すべてをまとめて「体感覚」と呼びます。

また、それぞれ英語の頭文字をとって、視覚（Visual）を「V」、聴覚（Auditory）を「A」、体感覚（Kinesthetic）を「K」として、**「VAK」**という言い方が使われます。VAKはNLPで使われるキーワードの一つですから、覚えておくと良いかもしれません。

そして、VAKのそれぞれで、識別できる情報の種類があるわけです。それが『サブモダリティ』です。

視覚のサブモダリティには「明るさ」、「大きさ」、「色」、「彩度」、「ピント」、「形」、「位置」、「鮮明さ」、「動き」、「視点」などがあります。私たちが目で見て区別できるものが、視覚のサブモダリティです。

聴覚のサブモダリティには、「音程」、「テンポ」、「リズム」、「トーン」、「音量」、「音源の位置」、「音源との距離」、「反響」などがあります。

視覚でも聴覚でも、言語情報が処理されますが、これはサブモダリティとは別のものと考えておいてください。言語については第４章で詳しく説明します。

それから最後に、**体感覚のサブモダリティ**としては、「強さ」、「位置」、「範囲」、「質感」、「固さ」、「温度」、「動き」、「形」などが挙げられます。

よろしいでしょうか？　**五感で区別できる情報を、できるだけ細かい単位で扱いたい**ということなのです。体験している内容を、元素のように分解して理解したいのです。この体験は、どのサブモダリティが組み合わさって作られているか、と。そうすることで、意味が生まれる前の段階に注目することができます。

サブモダリティには、意味づけを入れたくないのです。意味づけされる前の、五感で区別されている情報（＝サブモダリティ）が、どのように組み合わさると、どんな意味づけになるのか？

ここを考えるのがサブモダリティの目的です（正確には、目で処理しているのは、光の波長、光の量、光の振幅、網膜上の位置などですから、サブモダリティの種類にも意味づけは含まれています。ただ、私たちが目で見て体験している内容を、できるだけニュートラルに詳しく分解して説明するためには、ここで挙げたぐらいの要素に分けておくと都合が良いのです）。

ですから、「厳しい」や「優しい」などはサブモダリティではないわけですね。五感で区別していませんから。それに、ニュートラルではなく、主観的な評価が入っています。つまり、「厳しい」や「優しい」も、サブモダリティの組み合わせに分解できるはずだ、と考えます。ただし、「厳しい」や「優しい」という意味づけをサブモダリティに分解する作業は少し高度なので、後でもう一度扱うことにしましょう。

まずは、簡単な例から見ていきます。先ほど挙げた「犬を見たら恐怖感が沸いてくる」の中から一部を取り出して、サブモダリティに分解してみましょう。

まずは『犬』です。『犬』には、視覚のサブモダリティとして、「犬らしい形」がありますね。「色」は、それほど重要ではありませんが、ピンク色や緑色ということはないでしょう。だいたい「犬らしい色合い」の範囲があるはずです。「大きさ」も種類によってさまざまですが、五センチメートルだとか、五メートルということもないと思います。一方、「鮮明さ」や「ピント」が違っていても、『犬』かどうかを判断するのには影響が小さいと言えます。

聴覚では、「ワン！　ワン！」という声に、特有の「音程」と「リズム」、「トーン」が含まれます。

体感覚としては、『犬』を触った場合を考えると、毛の「サワサワした質感」と、筋肉の「弾力のある質感」がありますし、人肌ぐらいの「暖かさ」もあるでしょう。

ここでは分かりやすくするために、〝声〟や〝毛〟などの言葉を説明に使いましたが、これらはサブモダリティではありません。本来であれば、〝声〟や〝毛〟も、サブモダリティに分解することができます。例として、〝毛〟をサブモダリティに分解してみましょう。

〝毛〟には特有の特徴があります。つまり、「細長い（一ミリよりも細い）」、「柔らかい」、何かの「輪郭についている」といった具合です。

また、〝声〟は、〝喉〟で作られた「響きのある」音といえそうです。

今度は〝喉〟が登場しました。〝喉〟は、〝胴〟と〝頭〟の「間の部分」の「内側」のことですね。〝胴〟は、全体の中で「中央にある」「大きな」部分。〝頭〟は〝胴〟の「上に」「突き出た」「歪んだ球体」の部分。

……このように、『犬』の中には、〝毛〟や〝声〟、〝頭〟などのパーツがたくさん含まれているわけです。そして、それぞれのパーツがまたサブモダリティの組み合わせとして説明できます。言い換えると、『犬』はパーツに分解して説明することができて、さらに分解するとサブモダリティで説明ができる、ということです。

すべてをサブモダリティにして説明すると量が多くなりますから、この後も便宜的にサブモダリティではない言葉を説明に取り入れています。ですが本当は、すべてを「大きさ」、「位置」、

「形」、「明るさ」、「固さ」などのサブモダリティだけで説明ができると理解しておいてください。

もう一つ『恐怖感』についてもサブモダリティで説明してみましょう。『恐怖感』といった場合には、本人が主観的に感じる感情的な反応のことを示します。ですから、視覚や聴覚のサブモダリティは通常、関係がありません。

もしかすると「お化け屋敷の音みたいのは、『恐怖感』と関係した聴覚のサブモダリティじゃないのか?」と疑問を持つ方もいるかもしれません。ですが、この場合は、「犬を見ると」の部分と同じ作用になります。「お化け屋敷の音を聞くと」ですから。「お化け屋敷の音のメロディー」は、恐怖を生み出す役割を持っていますが、『恐怖感』に含まれるサブモダリティではありません。

『恐怖感』そのものをサブモダリティで表現すると、体感覚のサブモダリティとして、体の表面に近い「位置」に、「下から上に上がってくるような動き」の、「固くなる」感覚などがあると思います。あるいは、胸のあたりの「位置」に、「グッと圧迫される」感じもあるかもしれません。

こうした感情的な反応に関しては、もともと自然な生理反応だと考えられます。私たちが日常的に経験する生理反応のパターンに対して、「こういう感じがしたら〝恐怖感〟」、「こういう感じだったら〝安心感〟」、「この感じのときは〝怒り〟」などと名前をつけていると言えるわけです。

NLPでは感情を、**「特定の体感覚の組み合わせに名前をつけたもの」**と考えます。

人間が認識できるものはすべて、サブモダリティの組み合わせとして説明ができる。

これがＮＬＰの基本的な考え方です。

私たちの体は、サブモダリティの組み合わせを使って、プログラムを保存しているわけです。元素の組み合わせで化学式を書いて現象を説明するように、サブモダリティの組み合わせで体験の内容を書いているのです。

■サブモダリティが組み合わさって「フレーム」になる

ＮＬＰがサブモダリティに注目する理由は、人それぞれの主観的な体験の違いを説明したいからです。まったく同じ景色を見ても、同じ音楽を聞いても、同じ料理を食べても、人それぞれ反応の仕方は違います。体験している内容が違うのです。それを「好みの違い」とか「感性の差」とか「個性」だとかといってしまえば、それまでです。

人は皆違っていて、それでこそ素晴らしい。それは確かにその通りですが、その個性のために問題が生まれることもあるわけです。個性のために上手くいかないところがある。「個性」という変えられないもののために上手くいかないと考えてしまうと、問題に対処できる幅が限られてしまいます。

だからこそＮＬＰでは、その個人差を「個性」ではなく「プログラムの違い」として理解することで、それを変えられるものにしたいのです。

プログラムされたものであれば、プログラムを変えればいい、という考え方です。つまり、人それぞれの体験の仕方の違いをプログラムによるものと捉えていく、と。そのプログラムの違いを説明する一つの重要な要素が『サブモダリティ』なのです。

一人ひとりが体験している内容の違いを、サブモダリティという五感情報の組み合わせにまで細分化して見ていけば、どのように違っているかを理解できます。これが、サブモダリティに注目する理由です。


たしかに体験の仕方の違いには、遺伝的な〝生まれつき〟のものもあります。ですが、私自身がＮＬＰを通して観察してきた結果として実感しているのは、大部分は〝主観的な捉え方〟の違いによるものだ、ということです。本人が体験している内容の中から、どのサブモダリティに注目するか。この注意の向け方の違いが、「個人差」の大部分を生み出しているといえます。

もちろん、〝生まれつき〟の個性と判断して、ＮＬＰでは扱わないものもあります。実際、私の場合は、たとえば「怒りの取り扱い」をテーマとするときには、「怒りが沸きやすい」特徴そのものは〝生まれつきの個性〟と判断して、通常は、その部分を扱いません。

怒りは生理的にアクティブな状態です。怒りはエネルギーだともいえるわけです。嫌いな相手への反発や、見返してやろうという気持ちから、物凄くパワフルに努力することがありますね。怒りは行動を起こすためのエネルギーと繋がっていると、私は考えているのです。ですから、「怒りを沸きにくくする」と、全体的なエネルギーが低下して、他の部分での行動力も下がってしまうリスクがあるのです。

また、一般的に問題となるのは、むしろ怒りが沸いた後の対応のほうでしょう。怒りが沸くと、つい怒鳴ってしまう。怒りが沸くと、つい言い負かそうとしてしまう。怒りが沸くと、なぜか何も言えなくなって、ずっとイライラが残る。つまり「怒りが沸くと、～になる」というプログラムが問題になっているのです。

「怒り」は体感覚のサブモダリティで説明できますが、実は、人それぞれ「怒り」として感じている体感覚は違っているものです。そして、その体感覚のサブモダリティへの注意の向け方が、次の反応と結びつく傾向にあります。

「怒り」のサブモダリティには、体感覚の「動き」として「下から上がっていく」ものがよく見受けられます。例としては、上がってきた〝もの〟が頭に集まることで言い負かそうとし始めるケースや、胸まで上がったところで止まって、何も言えずにイライラだけを感じるケースなどがあるようです。サブモダリティへの注意の向け方が問題の反応に繋がっているということです。

一言でいえば「怒る」という体験ですが、その体験の仕方はさまざまなのです。どのサブモダリティに注意を向けるかが、主観的な体験の違いを生む。注意の向け方の違いで、怒りが沸いた後の対応にも個人差が生まれるわけです。

「怒りが沸きやすい」傾向は〝生まれつき〟のものとして扱わない個人差ですが、「怒りのサブモダリティに対する注意の向け方」はNLPで扱える個人差なのです。

ちなみに、怒りの取り扱い方としては、怒りのターゲットを絞り込むことで、他の場面での怒りを安定させる方法もあります。自分が本当に怒りをぶつけるべき〝敵〟を想定して、ビジネスやスポーツなどの健全な競争の形で、怒りのエネルギーを発散させていく。怒りのターゲットを大事な場面に絞っていくと、他の日常的な場面では「そんなことは、まぁ、どうでもいい」という感じになって安定感が出てきます。やんちゃな高校生がボクシングを始めて落ち着いてくるようなものですね。

では、この〝主観的な捉え方〟の違い、注意の向け方の違いは、どのように作られているのでしょうか？

ここで思い出してもらいたいのが、「プログラムは体験によって作られる」ということです。「どのサブモダリティに注目するか」という注意の向け方も、体験によって作られているのです。

たとえば、今あなたが周りに目を向けてみると、世界は立体的で、奥行きがあるのが分かると思います。「奥行きを判断するプログラム」があるから、奥行きが感じられるのです。遠くにあるものの方が小さく見えるとか、手前の物のほうが速く移動しているように見えるとか、遠くの景色は白っぽく見えるとか、そうした特徴を元に、奥行きを判断しているわけです。光と影のバランスで立体感を判断もしています。

つまり、「大きさ」や「角度」、「位置」、「明るさ」、「ピント」、「鮮明さ」などのサブモダリティを組み合わせて、「奥行きを判断するプログラム」が作られているといえます。こうしたサブモダリティの特徴を反映させているからこそ、絵画は平面でありながら、奥行きのある場面を描けるわけですね。

そして重要なのは、この「奥行きを判断するプログラム」はすべて、経験によって学習されたものだ、ということです。

生まれて間もない頃は、おそらく、漠然と景色が見えているだけなのでしょう。そこで見たものを手で触れてみて、「こういう見た目のヤツは、触るとこんな感じなんだ」というように、体感覚として感じられる立体感を視覚のサブモダリティと結びつけていく。「お母さんが小さいときは触れないいけど（＝遠くにいる）、お母さんが大きいときは触れる（＝近くにいる）」という経験から、奥行きを視覚的に学習していく。「お父さんが柱のところで半分になった！（＝柱の奥にいる）……と思ったら、また一つに戻った（＝柱の奥から出てくる）。柱の後ろにいただけなんだ」という具合に、奥行きの重なりを学習する。

もちろん、言葉を覚える前から学習は始まっていますから、例に挙げたような言語的理解はないはずですが、身の回りに起こるさまざまな出来事から、世の中を視覚情報で理解していく方法を学んでいっているわけです。立体感に共通するパターンや、奥行きに共通するパターンなどを自然と見つけていきます。こうしたパターン認識の学習を積み重ねてきた結果として、大人になった今、私たちは身の回りの世界を見たり、聞いたり、感じたりして、判断できているのです。

このパターン認識を利用して、物事を判断するときに使われる基準を**『フレーム』**と言います。『フレーム』の意味は「枠組み」ですので、ここでは物事を「枠組み」に当てはめて判断する、ということです（図1、六一頁）。

「このサブモダリティと、そのサブモダリティと……が組み合わさったら○○」。そんなルールを『フレーム』と呼ぶのです。つまり、『フレーム』とは、サブモダリティの組み合わせのパターンのことをいうわけですね。

犬を見て「犬だ」と判断できるのは、犬の特徴を説明したサブモダリティの組み合わせをフレームとして持っているからです。五感の情報として、その「犬フレーム」に当てはまれば、それは「犬だ」と判断されることになる。もし、「あれ、犬にしては内側が固い。それに温度も低い」となれば、「犬フレーム」には当てはまりません。すると今度は、機械のフレームに当てはめて、「……そうか、良くできた犬のオモチャか」と判断することになります。

こうして、サブモダリティの組み合わせが少し変わると、別のフレームに対応するようになるのです。

■体験が一般化されて「フレーム」が作られる

さきほど、『フレーム』は体験によって作られていると説明しました。体験が一般化されて、パターンが見つけられて、フレームになっていきます。

ここで、立体感や奥行きを判断するフレームは、多くの人が使っている共通性の高いものですから、個人差の影響が出にくく、それが問題に結びつく心配はありません。ところが、犬を判断するフレームには個人差があります。その人が、犬にまつわる体験をどのように重ねてきたかによって、犬に当てはめられるフレームは別物になります。

プログラムは、回数と感情的インパクトの強さで作られるのですから、犬と関わった体験の内容によって、できあがるフレームが変わってくるわけです。繰り返し体験したものがあったり、強烈な体験が一度でもあったりすれば、その内容がフレームに強く影響します。

〝一般化〟といっていますが、実際には、体験すべてを均等に捉えてパターンを見つけるわけではないのです。印象的なところが偏って一般化されて、その部分がフレームに反映されます。だからこそ、フレームの個人差は大きいといえます。

ここで、フレームを調べる方法もお伝えしておきましょう。

重要なところですから繰り返しますが、**フレームは判断の基準として使われているもの**です。サブモダリティという五感の情報の組み合わせ（フレーム）に当てはまるかどうか、で判断をしているわけです。つまり、犬であれば「こういう見た目、こういう声、こういう手触り」といった基準がある、と。ですから、別の言い方をすれば、フレームとはその人が持つ「典型的・標準的な**イメージ**」だということになります（ここでいうイメージには視覚・聴覚・体感覚の情報がすべて含まれます）。

ですから、自分の持っている犬のフレームは、自分にとって典型的な犬のイメージを思い浮かべることで調べられます。

本来、その人が持っている犬のフレームは、写真のように詳細でリアルで具体的なものではなく、マンガや何かのキャラクターのように、犬に必要な特徴だけを含んだ簡略化されたイメージになっているものです（図1）。

フレームは「当てはまるかどうか」の基準です。ですから、あまり詳細なイメージだと、ちょっとしたズレでも「当てはまらない」と判断されてしまうわけです。つまり、イメージが詳細だということは、基準が細かいということなのです。細かい基準にすべて当てはまらなければ「犬」と判断されなくなってしまうのです。

仮に犬のフレームが〝ドーベルマン〟の写真のようなものになっていたら、その写真に表れて

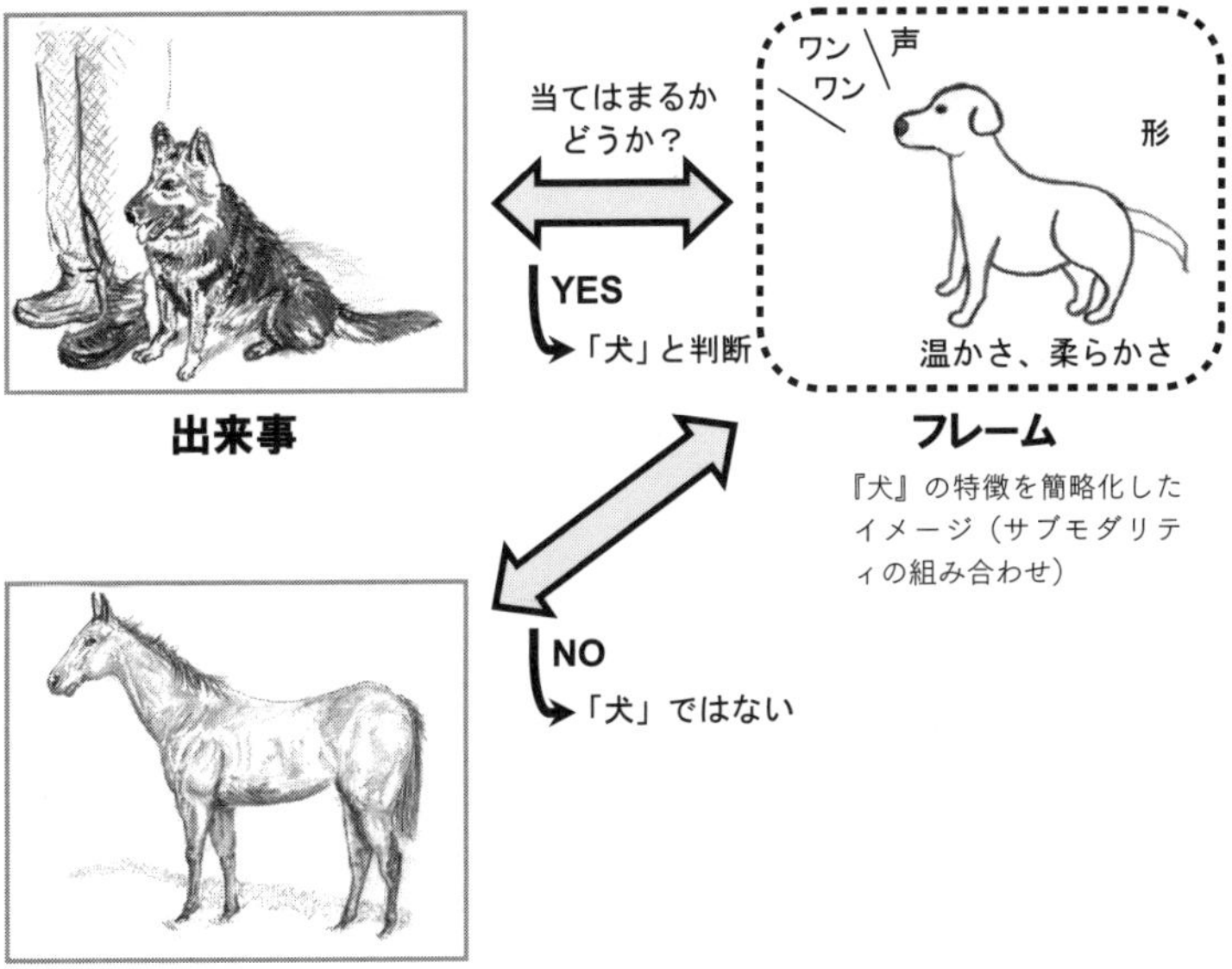

図１：フレームとサブモダリティ

いる細かい基準をすべて満たさなければ「犬」ではないことになります。〝チワワ〟では、到底その基準を満たせそうにありませんね。違うところが多すぎます。

　ところが、犬のフレームが〝スヌーピー〟などのマンガのような簡略化されたイメージであれば、基準が大雑把になります。条件が甘くなるのです。すると、〝チワワ〟も〝ドーベルマン〟も、基準を満たせるようになって、犬のフレームに当てはまることになります。

　簡略化されたイメージには「だいたいこれぐらいの基準を満たしていれば『犬』と捉えていいですよ。最低限、大体こんな形をしていれば、あとは気にしません」といった感じの許容範囲があるわけです。この特徴さえ含んでいれば、「当てはまる」といえる……そういう最低限の特徴だけで、シンプルに描かれたイメージが『フレーム』なのです。

それで、耳が垂れていても立っていても、鼻が長くても短くても、大きくても小さくても、すべて「犬」として判断できるのです。

これは、「顔」について考えてみると分かりやすいと思います。人間にとって顔は非常に重要なものです。ですから、顔に対する識別能力は高くなるように自然と訓練されていますし、顔の認識にはとても敏感です。

それを可能にしているのが、すごく抽象的なまでに特徴が抽出された、典型的な顔のイメージなのです。点を二つと、その下に短い横棒でも書けば、もう顔に見えてきます（図2）。電車や車の正面が顔っぽく見えるのも（ライトが目のように）、壁のシミが顔っぽく見えるのも、顔文字を作れるのも、私たちの持っている「顔フレーム」が必要な特徴だけを抽出したシンプルなものになっているからです。

人の顔のように膨大な量の経験があると、すべての体験を総合して作られた「顔フレーム」は、抽象的で、ニュートラルな印象なものになりやすいものです。私たちは、毎日、街中でもテレビでも、非常に長い時間をかけて、多くの顔を見ています。一般化してパターンを抽出するための

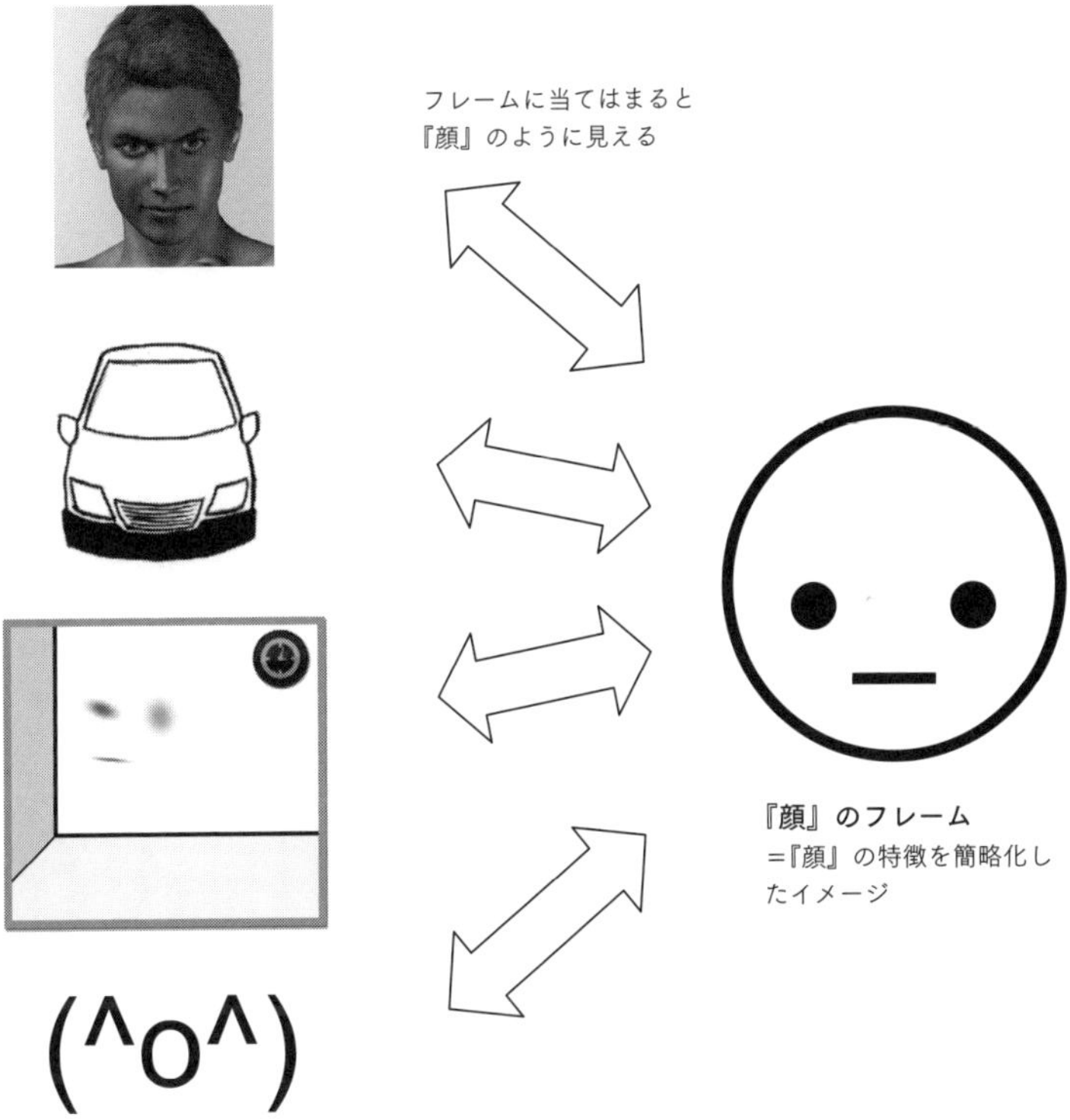
フレームに当てはまると
『顔』のように見える
(^o^)
『顔』のフレーム
=『顔』の特徴を簡略化し
たイメージ

図２：特徴が抽出された典型的なイメージがフレーム
顔のフレームは抽象的に特徴が抽出されているため
様々な物が「顔っぽく」見える。

材料が多いのです。

ところが、もっと体験の量が少ないものになってくると、フレームに偏りが出てきます。印象の強かった体験が、強くフレームに影響するわけです。

犬は、まさに良い例でしょう。私は一二年間、ゴールデン・レトリーバーを飼っていましたから、私の中の典型的な犬のイメージ、つまり犬のフレームには、その影響が強く現れています。少し細長い顔で、耳が垂れていて、おとなしい雰囲気。柔らかく白い光が当たっている印象もあります。ポイントになるのは、丸まって寝ている姿です。散歩に行っていましたが散歩のイメージではありません。ご飯を食べるイメージでも、走り回って遊んでいるイメージでもありません。いいですか、ここからが重要です。

寝ている姿に「おとなしい」雰囲気が反映されているわけです。典型的なイメージが「おとなしく寝ている」となっているからこそ、私が犬について思い出すと、ホッと心が安らぐような気持ちになるのです。「犬を見ると、ホッとする」というプログラムは、私の持つ犬のフレーム（典型的イメージ）に支えられているのです。これがもし、走り回っているイメージだったら、楽しい気持ちになるかもしれません。こうした典型的なイメージが、体の反応に影響を及ぼすわけです。

ですから当然、犬が恐い人は、典型的なイメージもまったく違ったものとなります。私の知り合いのタケルくんは、土佐犬に上から乗りかかられるように襲われたことがありましたから、大型犬に対しては、そのイメージが強く反映されていました。タケルくんの中にある大型犬の典型的なイメージは、実物よりも大きくて（二〜三メートルサイズ）、犬の頭部がアップになったものでした。目がギラッと光っていて、大きく開けた口の中の歯が異常にハッキリと見え、それが自分のほうに向かってくるような動画のイメージになっていたのです。そのような映像が、すぐ目の前の位置に、目線よりも少し高いところへ思い浮かぶ。これが典型的な大型犬のイメージとのことでした。

もしかすると、この説明を読みながらイメージしただけで、恐怖を感じた人もいるかもしれません。犬が恐い人は、かなりの恐怖感を思い出した可能性もありますので、その場合には、深呼吸をしながら、景色全体を見渡すようにして落ち着きを取り戻してください。自分の体や身の回りのものを触るのも効果的でしょう。

ところで、タケルくんの場合は、「大きな」口が「目の前に」「向かってくる」というサブモダリティが、大型犬を恐いものとして意味づけるフレームになっていました。ですから、大きくない犬の場合には、そのフレームに当てはまらないので恐怖は沸かなかったのです（図３）。

実際に、恐怖を感じる対象には、このように「実物より大きく」、「目の前に」、「動画で向かっ

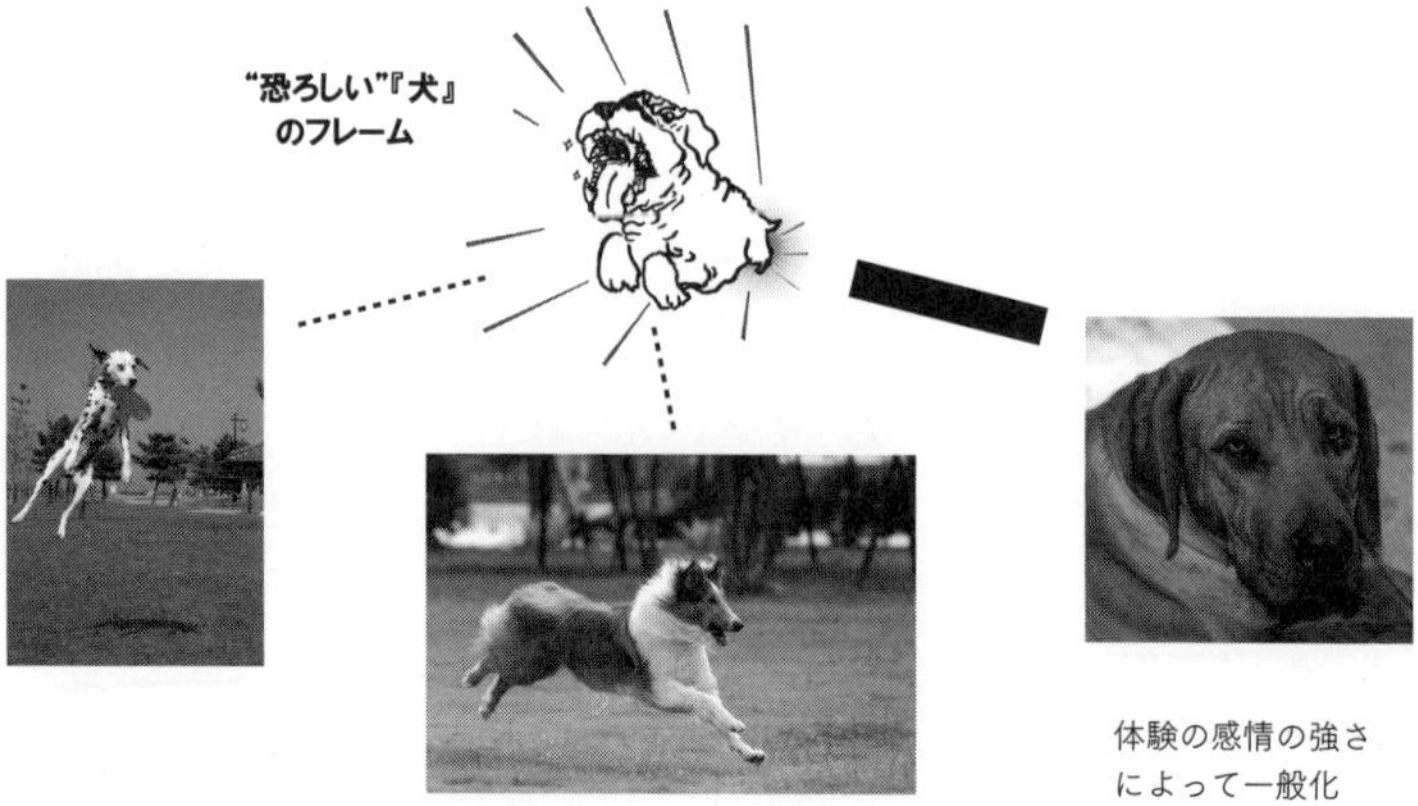

図3：フレームが強調される場合
回数と体験の強度によって、フレームが歪む（サブモダリティが強調される）

てくる」イメージを持つことが多いようです。

カマキリが恐い人、ヘビが恐い人、チョウが恐い人、ゴキブリが恐い人、鳩が恐い人などいろいろなケースを扱いましたが、ほとんどの人が「実物より大きく」イメージが浮かび、それが「目の前に」、「向かってくる」という映像が浮かぶと報告してくれました。

現実に目の前にいる〝ヤツ〟が、実際に向かってくるかどうかは問題ではないのです。そういうイメージが沸いてしまうプログラムがあることで、恐怖感が現れます。目の前の実際の体験よりも、プログラムによって記憶から蘇る体験のほうが、強く感じられてしまうのです。

〝上司が恐い〟といった場合には、さすがに「向かってくる」イメージは出ないようですが、「実物より大きく」か「目線よりも高い位置」に思い浮かぶという特徴は含まれる傾向があります。

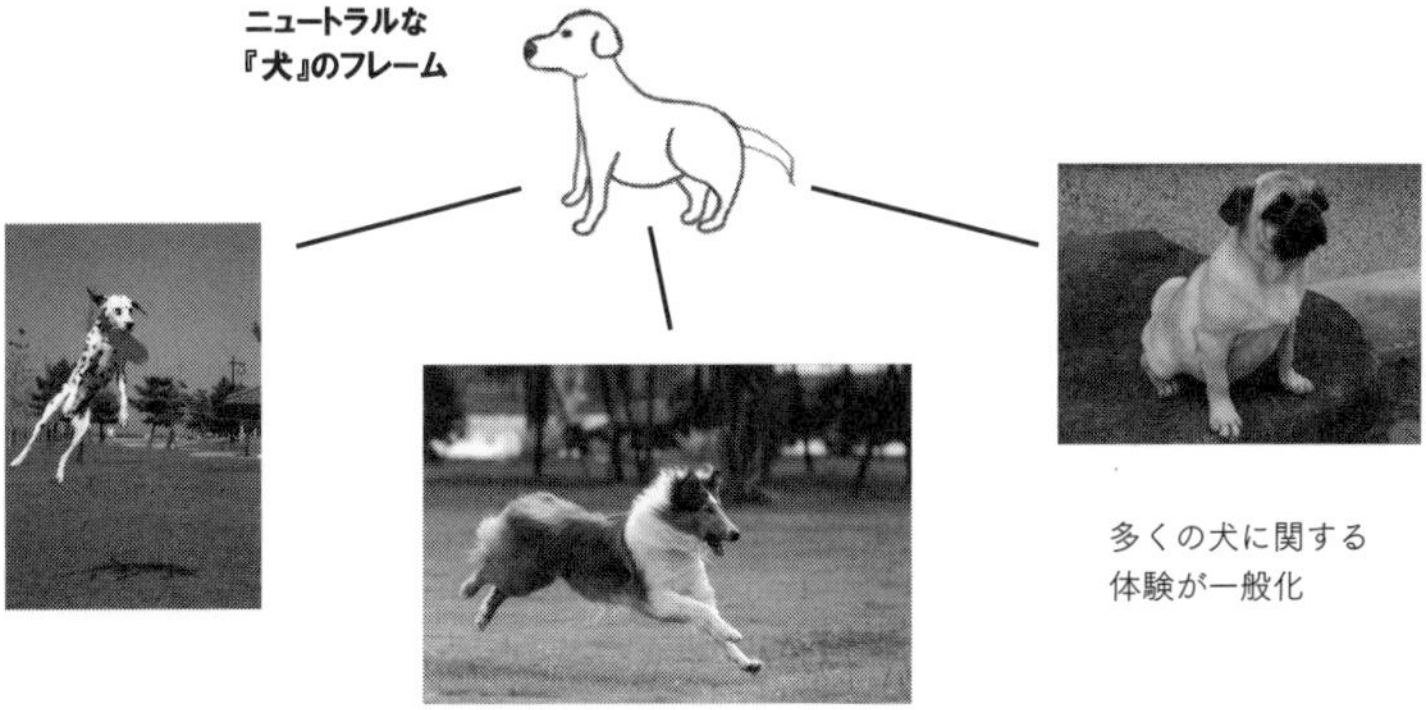

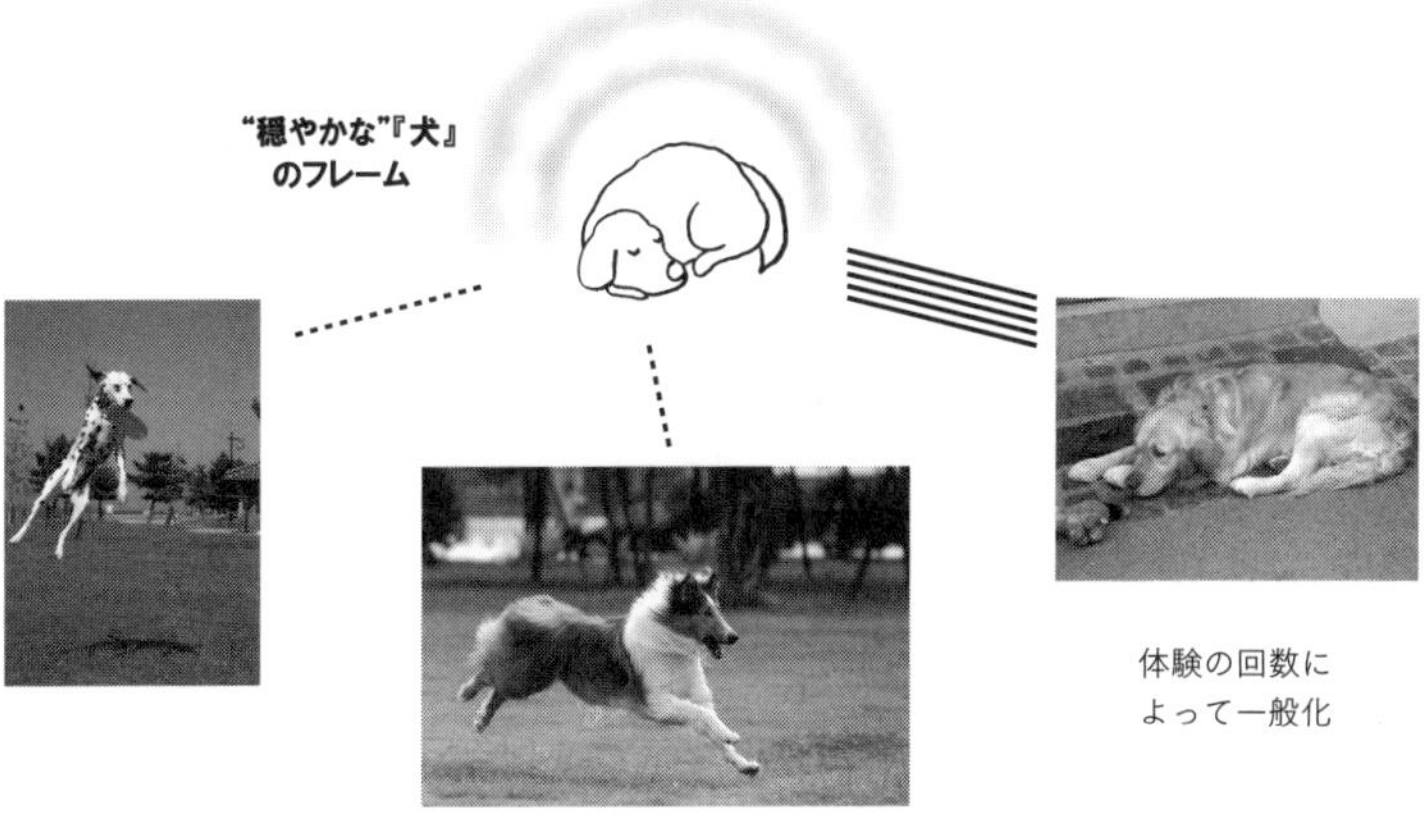

コリーの写真：©Can Stock Photo Inc. / raywoo
ラブラドールの写真：©Can Stock Photo Inc. / Pmariann

どちらも「怖い」の一言で語られてしまいがちです。しかし本当は、「怖さ」を表している体感覚のサブモダリティには違いがあるはずです。つまり、フレームとして注目するサブモダリティの違い（この場合は「向かってくる」動きがあるかどうか）が、反応の違いと関係しているということです。

また「実物より大きく」思い浮かべるという傾向は、「気持ち悪い」とか「見るのが苦手な」物のフレームには良く見られる特徴でもあります。見た瞬間にズームインしてしまうことと関係しているようです。小さなツブツブの集合が気持ち悪いとか、虫の腹側が苦手だとか、魚のウロコが嫌いだとか。なかには、「中年男性の毛穴のブツブツが気持ち悪い」という人もいました。共通しているのは、凝視し過ぎるところです。ズームインして、アップにして見てしまうプログラムがあるのです。同じものを見ても気持ち悪いと感じない人は、全体を漠然と見ています。苦手なものほど、ギュッと焦点を絞って、際立った特徴ばかりに注目してしまうのです。

よく見たら気持ち悪いものなんて、世の中にはたくさんあるものです。ただ、気にしない人は、よく見たりしないだけの話です。苦手なときほど、つい注目してしまう。なんだか皮肉なものですね。

なお、こうした恐怖感や不快感に関するプログラムを変える方法は、第6章で解説します。簡単にできる手順を紹介しますので、必要だと思われる方は、試してみてください。ただし、少し思い出したり、単語を聞いたりするだけで、震えや激しい動悸が起きるようなものは一人で扱うのは危険ですから、程度の軽いものを選ぶようにしてください。

■フレームに当てはめることで「意味づけ」される

全体を捉えずに、一部分だけを極端に注目する。これが多くの問題のプログラムに登場するフレーム（典型的なイメージ）の特徴です。つまり、**フレームが歪んでいる**わけです。繰り返しの体験や、強烈な体験の印象が強く反映されるために、フレームが歪むのです。そして、その歪み方、注目の仕方に『意味』が込められます。

たとえば、〝厳しい上司に委縮してしまう〟としたら、その〝厳しさ〟を捉えるフレームがあると考えます。目つきや表情を強調して注目することで〝厳しさ〟を判断する人もいれば、声のトーンや声の大きさを強調して捉えて〝厳しさ〟を判断する人もいます。言い方を変えると、〝厳しさ〟という『意味』は、「どのサブモダリティに注目するか」で決まっている、ということです。

サブモダリティで作られるフレームが『意味』を生み出しているわけです。

「厳しさ」という言葉は、〝厳しさ〟を判断するフレームに付けられた呼び名やラベルに過ぎません。自分が〝上司の目つきや表情〟を強調して体験しているという情報を、他人に伝えるために「厳しい」という呼び名で表現しているのです。言葉とサブモダリティの関係については、第4章で詳しく説明します。

そして、フレームが歪んでいることによって、その部分ばかりを強調して注目してしまいますから、他の情報が無視されてしまうことにもなります。同じ場面を体験していても、人によって別の意味を受け取るのは、そのためです。

たとえば、大きな声と迫力のある言い方に注目し過ぎて気づかなかったけれど、実は、真剣な目つきで見ていてくれた、とか。同じ上司の態度に接していても、声に注目せずに、目つきに注目する人であれば、〝真剣な態度〟というフレームで判断していたかもしれません。

すると、〝厳しい上司に対して委縮してしまう〟プログラムを持っていても、〝真剣な態度〟のフレームで上司を判断できるようになれば、〝委縮する〟という問題はなくなることになります。このようなプログラムの変え方は、第6章で詳しく説明します。

フレームのもう一つの特徴は、「フレームに当てはめた瞬間に、現実をそのまま体験しなくなる」ということです。現実と記憶を同時に体験するようになるのです。

そもそも私たちは、**現実と記憶を同時に体験するのが得意**なようです。

たとえば、今、こうして本を読んでいて、目で文字を追っていますよね。もしビデオカメラを使って、同じように文字を追いかけて撮影したとしたら、その映像はまったく違ったものになるはずです。カメラの動きに合わせて、本のページ全体が上下に動くでしょう。ですが、肉眼で本を読んでいるときには、本のページ全体は、ほぼ固定されていると思います。文字を目で追いかけていても、本のページは動かない。これは、本のページ全体をフレームに当てはめて、記憶によって処理しているからだと考えられます。本のページ全体には記憶の映像を利用して、実際に目で追いかけている文字の部分と組み合わせているわけです。いたって自然に、記憶を利用しながら日常を体験しているのです。

本書の目的とするプログラムにおいても、記憶を引き出して体験する部分が重要となります。ポイントは、フレームと結びついた記憶が引き出されるところにあります。

フレームは体験が一般化されて作られています。過去の体験の記憶がベースにあります。さまざまな体験が一般化されて、フレームと結びついた形で記憶されているのです。

私の犬のフレームには、私が飼い犬と過ごしたたくさんの思い出が結びついています。その思い出の中で印象的なのは、一緒にいて安らぐ気持ちでした。当然、その思い出も一般化されます。それが〝ホッと安らぐ気持ち〟です。この気持ちが、私の犬のフレームに結びついているのです。ですから、私が公園を散歩中の犬を見かけて、犬のフレームに当てはめた瞬間、体の中には〝ホッと安らぐ気持ち〟が沸き上がります。その犬が本当に私の気持ちを安らげてくれる犬かどうかとは無関係に、私は〝ホッと安らぐ感じ〟を体験します。

ということは、〝厳しい上司に委縮する〟ときにも、実際にその上司が委縮する必要のある相手かどうかには関係なく、委縮してしまっている可能性があるわけです。ずっと前に、別の誰かから厳しく怒鳴られ続けてビクビクしていたときの記憶が強調されて〝厳しさ〟のフレームに結びついている。そのため〝厳しさ〟のフレームに当てはめた瞬間に、その強調された体感覚の記憶が呼び起こされる。記憶の中にある大袈裟な〝委縮〟の感じを、現実に体験しているということです。目の前の上司に対しては、必要以上に委縮しているかもしれないのです。

私の犬のフレームのように、フレームに当てはめた後で自然と引き出される記憶が望ましいものであれば、別に問題はありません。しかし、〝厳しさ〟のフレームに〝委縮〟が結びついている場合のように、呼び起こされる記憶が望ましくない場合もあります。〝強い恐怖感〟が沸き上がれば「恐怖症」と呼ばれるようになります。〝我慢できない〟気持ちが沸き上がれば、「悪習慣」や「強迫行動」、「衝動」などと呼ばれます。〝面倒くさい〟気持ちが沸き上がれば「先送り」と呼ばれます。

これらが問題となるわけです。

望ましくない記憶が引き出されて現実と同時に体験するのが問題。であれば、一つの発想としては、望ましい別の記憶が引き出されるように変えてやれば良いことになります。この発想に基づいた手法も第6章で紹介しましょう。

ここまで、よろしいでしょうか。フレームに当てはめると記憶が引き出される。そして、その記憶を、現実と同時に体験するようになる。

このように、**フレームに当てはめた後に、記憶されていた体験が呼び起こされることを『アンカー』**といいます。『アンカー』もまた、人間のプログラムを構成する要素の一つです。

アンカーの説明に進む前に、一度、ここまで説明してきたサブモダリティに関する内容を整理しておきましょう。

●サブモダリティとは、五感で識別できる情報の要素である

視覚（V）で捉えられるサブモダリティには、「明るさ」、「大きさ」、「色」、「形」、「位置」、「動き」などがあります。

聴覚（A）のサブモダリティには、「音程」、「リズム」、「トーン」、「音量」などがあります。

体感覚（K）のサブモダリティには、「強さ」、「位置」、「質感」、「固さ」、「温度」、「動き」、などがあります。

●サブモダリティが組み合わさって、フレームを作る

物事を認識するときの基準は、サブモダリティの組み合わせで作られています。「こういう見た目、こういう音声、こういう体の感じのときに、○○と呼ぶ」という基準があるわけです。そのようにパターンとして抽出された、典型的・標準的なイメージが『フレーム』です。フレームは、典型的なイメージを思い浮かべることで調べることができます。

●フレームに当てはめることで、意味づけをする

私たちは、フレームに当てはまるかどうかで、物事を判断しています。立体を捉えるフレーム、犬を認識するフレーム、恐怖という感情を認識するフレーム、厳しさを判断するフレーム、などがあります。私たちが、何かを判断できる（そうなのか、そうではないのかを区別できる）なら、そこには必ずフレームが存在していて、そのフレームはサブモダリティの組み合わせで説明ができます。つまり、『意味』は、フレームと対応しているということです。「どのサブモダリティに注目するか」によって、意味づけがなされるわけです。言葉は、サブモダリティによって意味づけされたものに、呼び名をつけるための〝ラベル〟のようなものと言えます。

●フレームは体験が一般化されて作られるため、歪みがある

物事を判断するときに基準となるフレーム（つまり「どのサブモダリティに注目するか」）は、体験の回数と感情的インパクトの強さに影響され、重要なところが強調されて形作られます。繰り返

しの体験の中で印象に残っている部分や、強烈な体験を通して目や耳に焼きついてしまった部分が、サブモダリティとして強調されます。実物よりも大袈裟なイメージが作られるということです。

たとえば、〝穏やかな犬〟は、静かに眠っている姿として描かれ、「柔らかな光」が当たっているイメージで強調されます。一方、〝凶暴な犬〟は、目の前に大きく迫って向かってくる姿として描かれ、口の中や歯が「実物以上に大きく」、「ギラギラと」しているイメージで強調されます。目つきが「黒光り」するようなイメージで強調されることもあります。実際に目の前にいる犬がどういう犬かに関係なく、大雑把に、各人が持っている犬に対するフレームに当てはめて判断をします。

すべての犬に対して〝凶暴さ〟のサブモダリティを強調して注目するのか、大型犬に対してだけ〝凶暴さ〟のサブモダリティを強調して注目するのか、その違いには個人差があります。たとえば、小型犬を飼っていた経験があって、小型犬には〝カワイイ〟と判断するフレームを持っていたとしたら、その後で大型犬に襲われた場合には、大型犬に対してだけ〝凶暴さ〟のフレームを使うようになると考えられます。

●フレームの違いが、体験の個人差を生み出す

フレームは体験が一般化されて作られますから、人それぞれの体験の違いが、フレームの違い

を生み出します。その結果、同じ場面に遭遇しても、反応の仕方には個人差が出てくるわけです。フレームは、主観的な体験の違いを作り出す要因の一つです。

フレームを変えるようにアプローチすると、プログラムを変えられることになります。

●一度フレームに当てはめると、現実と一緒に、記憶も体験しなおす

目の前の出来事をフレームに当てはめた瞬間に、そのフレームと関連している記憶が呼び起こされます。そして、その記憶のイメージや、音声、生理反応などを、目の前の出来事と一緒に体験します。場合によっては、記憶の内容を再体験する度合いのほうが高くなることもある。

犬のフレームに「ホッと心が安らぐような気持ち」が体感覚として結びついていれば、犬を見るたびに心が安らぐことになります。一方、犬のフレームに「恐怖感」が結びついていれば、犬を見るたびに恐怖を感じることになります。いずれも、その瞬間の、目の前の犬との体験とは無関係に、記憶から「安らぎ」や「恐怖」を体験しているといえます。

■プログラムを構成する要素②……アンカー

次はアンカーについて説明します。これはシンプルです。思い当たるところも多いはずです。

目の前の出来事の中から、一部分のサブモダリティ（見た目、音声、体の感じ）だけに注目をし

て、それをフレームに当てはめる。言葉にしても、しなくても、フレームに当てはめたときに意味づけがなされる。そういう話でした。

そして、フレームが決まると、関連している記憶が呼び起こされます。

この記憶が引き出される段階を『**アンカー**』といいます。

言葉の使い方としては、「関連する記憶がアンカーされている」となります。アンカーされた記憶が引き出されることを**「アンカーが発火する」**と表現することもあります。

重要なのは、フレームに当てはめた瞬間に、アンカーも自動的に発火するということろです。現実がどうであるかよりも、フレームに当てはめたことが優先されます。

たとえば、受講生の冨沢さん（仮名）はゴキブリが苦手でした（嫌いな人は単語を見るのも嫌なようですから、便宜的に〝コレ〟と書かせてもらいます）。暴漢を取り締まる仕事をしていた、見るからに屈強そうな冨沢さんも、〝コレ〟はダメだったのです。案の定、過去に襲われた経験があったからでした。私は、どのサブモダリティを使って〝コレ〟を認識しているのかを聞きました。「黒くて」、「三、四センチで」、「光沢があって」、「サッと移動する」が、フレームに当てはめるときの最低条件のようでした。

そこで私は、ホワイトボード用の黒のマーカーからキャップを外しました。ちょうど黒くて光沢のあるキャップだったのです。それで冨沢さんの視野の隅に、黒マーカーのキャップを「サッ」と投げました。見事に富沢さんは「ウワーッ」と声を上げて、飛びのきました。頭では、ホワイトボードのマーカーのキャップだと分かっていても、フレームに当てはまってしまえば、アンカーが発火してしまうということです。

（もちろん、これはセミナーの演出上の実験として行ったものです。富沢さんの恐怖のレベルも、それほど高くないことを確認してからやっています。また、そういうイタズラに対して、富沢さんがどう反応するかというプログラムも想定した上で行った実験です。むやみにやると大変な結果になる可能性があることは付け加えておきます）

フレームに当てはめると、アンカーが発火する。**認識すると、反応が起こる**ということです。「犬だ」と認識したら「心が安らぐ」。「犬だ」と認識したら「恐怖に襲われる」。「ケーキだ」と認識したら「我慢できない」ほど食べたくなる。作業が「一区切りついた」と認識したら「タバコを吸いたくなる」。声の大きさとトーンで「怒られた」と認識したら「落ち込む」。家事や仕事の内容を思い浮かべて「やらないといけない」と認識したら「ヤル気がなくなる」。人前で話すときに、「大勢の人の前」と認識したら「緊張する」。

……このように、問題となるプログラムの多くには、感情的反応がアンカーされています。「恐怖」や「落ち込み」のように、感情そのものが問題となる場合もあります。行動（考えも含みます）が問題となる場合でも、「ケーキを食べたくなって、食べる」とか「ヤル気がなくなって、やらない」といった具合に、感情的反応が問題の行動を引き起こすことが多いのです。「分かっているのに、なぜかできない」ときには、こうした感情的反応のアンカーが含まれています。

もちろん、アンカーも体験の一般化によって作られます。「一区切りついたから、タバコを吸う」という体験を何度も繰り返していると、「一区切りついた」と認識したら「タバコを吸いたくなる」というアンカーが作られる。これは回数によってアンカーが作られるケースです。

一方、恐怖の反応を引き出すアンカーは、体験が強烈なため、多くの場合は一回で作られます。恐怖に関するプログラムでは、フレームの歪みも大きいですが、アンカーの結びつきも強固になっているものです。フレームの歪みと強力なアンカーの両方で、恐怖が引き起こされるのです。

ここで注目してもらいたいのが、**「認識してから、アンカーされていた記憶が引き出されるまで、非常に短い時間差がある」**ところです。一秒を細かく分割したほどの短い時間ですが、時間差があるのです。順番があるわけです。

認識したら、アンカーされていた反応が出てくる。すると、プログラムを変える方法として、「アンカーを弱める」というやり方が使えます。いままでの問題となる反応が出なくなれば、問題は解決するというわけです。プログラムを変える上では、わずかな時間差で順番があることが重要になりますが、そのことについては、第６章でプログラムを変える技術を紹介するときに改めて解説しましょう。

そして、このわずかな時間差を伴った順番が、私たちに時間の流れを感じさせてくれます。例として、「つい甘いものを食べてしまう」ケースで考えてみましょう。

仕事帰り、コンビニが目に入る。なんとなく入りたくなる。入る。本棚の前を歩く。そのままゆっくりと、棚を眺めながら一周する。スイーツのコーナーの光に目が止まる。一つひとつの商品を眺める。味を想像する。空腹感に気づく。食べたくなる。「やめておこう」という心の声が聞こえる。ケーキに吸い込まれそうな感じになる。「ケーキが呼んでいる……」という、もう一つの心の声が聞こえる。「一つぐらい大丈夫かな」と心の声が続く。「よし、買おう」という心の声を伴って、胸の中がシャキッとした感じになる。ケーキを手に取る。レジに歩く。清算中、少しだけ罪悪感が出る。「もう買っちゃったし……」という心の声が聞こえる。ケーキを持って家に帰る。

……数分間の流れですから、実際には、もっとさまざまなアンカーが発火しているはずです。一連の流れが自動化されているほど、アンカーと、次のアンカーとが強く結びついて、〝連鎖〟した状態になっているといえます。

一言でいってしまえば、「つい甘いものを食べてしまう」プログラムですが、その中にはたくさんのアンカーがあるのです。

もちろん、すべてのアンカーは発火する前に、フレームを使って状況判断をしています。ですから、スイーツのコーナーの光に目が止まっても、「吸い込まれそうな感じ」のケーキがなかったら、この流れは途中で終わることになります。まぁ、代わりに「チョコレートが頭に浮かぶ」アンカーが発火するかもしれませんが。

ＮＬＰにおいて、この流れを**アンカーの繋がりとして順番で捉えていくこと**が重要なのは、どのアンカーを変えればいいかという選択肢を増やせるところにあります。

コンビニに入りたくなるアンカーを変えても良いわけです。スイーツのコーナーの光が目に入ると、商品を見たくなるアンカーを変えても構いません。ケーキが呼んでいると感じると、「一つぐらい大丈夫かな」という心の声が聞こえる部分のアンカーを変えることも可能です。また、この例では買うところまでしか話していませんが、家に帰って、買ったケーキを食べるかどうかの段階でも、変えられるアンカーはたくさんあります。食べ始めてから、途中でやめるようにプログラムを作ることだって可能です。

どこのアンカーを変えたら、本人が一番スッキリと問題を解決できるだろうか？　その視点でアンカーを選び、アンカーを変えれば良いのです。

日常生活の中で、一日一個のケーキ〝だけ〟が大きな問題になることは滅多にありません。ケーキを問題と捉える理由が、ダイエットにあるのか、血糖値にあるのか、肌荒れにあるのか、虫歯にあるのか、……それだって人それぞれです。他の生活習慣と関係した中で、その問題の位置づけが決まります。だからこそ第１章で説明したように、「何が〝できない〟のが問題なのか？」

を最初にハッキリさせることが大切なのです。

さて、アンカーについては、よろしいでしょうか？　自動的に次の反応が起こるということですね。ここで少し用語の整理もしておきます。

アンカーに関心を向けたとき、人は因果関係を感じ取ります。**「〜すると、……になる」**という関係です。

「〜」が原因、「……」が結果です。ＮＬＰでは、「〜すると、……になる」という考えを**『因果』**と呼びます。つまり、言葉のレベルで『因果』として語られるものは、プログラムのレベルでは『アンカー』になっているわけです。

「〜すると、……になる」という因果をアンカーとして説明するときには、「〜」（〝因〟）の部分を**『トリガー』**、「……」（〝果〟）の部分を**『反応』**と呼びます。因果は、**「トリガーに反応がアンカーされている」**（ある原因・要因によって〝反応〟が引き出される）ともいえます。アンカーを書き表すなら「トリガー→反応」といった具合です。あまり細かい用語は重要ではないと私は考えていますが、次の関係だけは把握しておいてください。

「トリガー→反応」

というアンカーに注目したとき、本人は言葉として

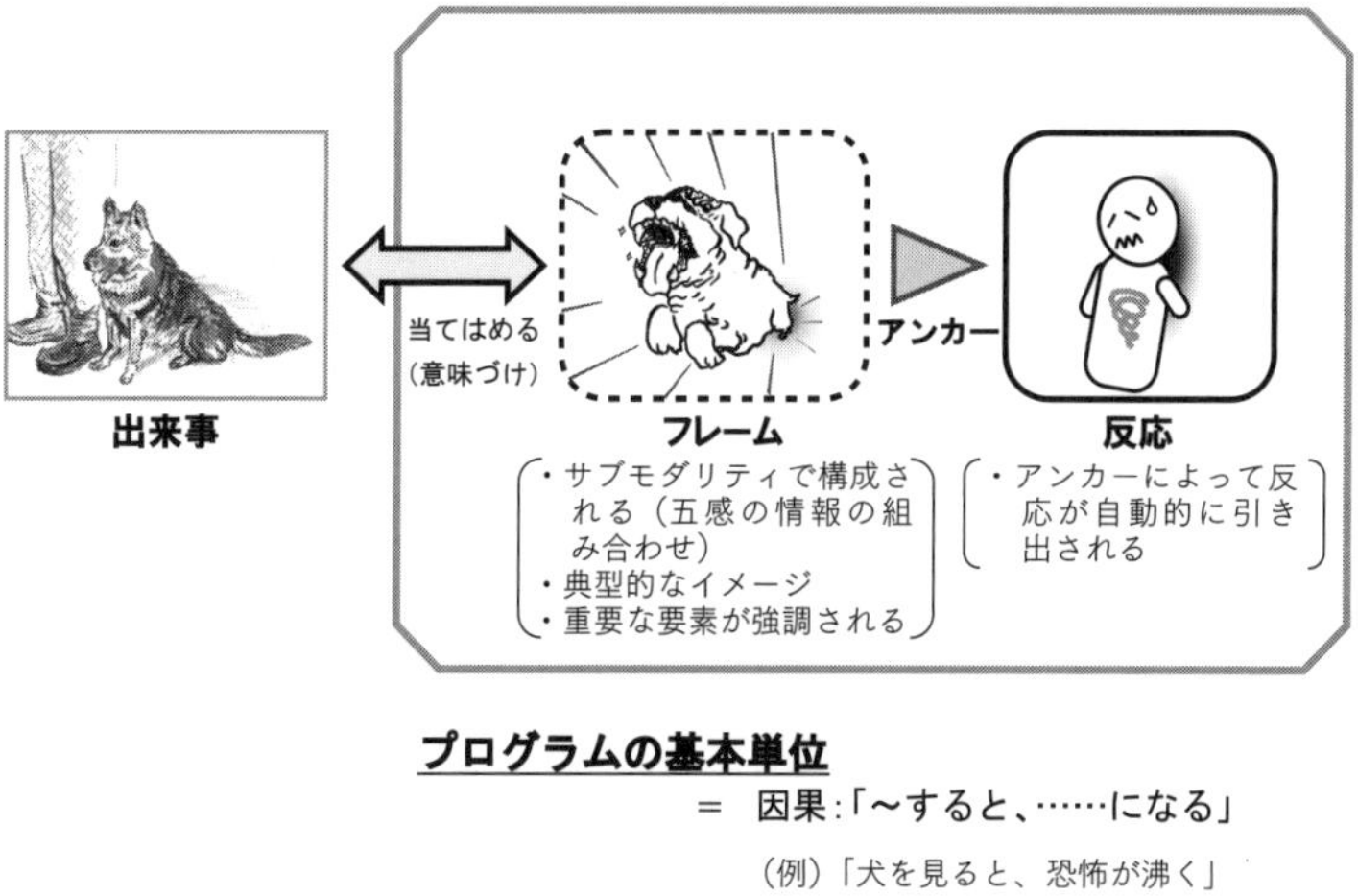
出来事
当てはめる
（意味づけ）
フレーム
・サブモダリティで構成される（五感の情報の組み合わせ）
・典型的なイメージ
・重要な要素が強調される
アンカー
反応
・アンカーによって反応が自動的に引き出される
プログラムの基本単位
＝　因果：「〜すると、……になる」
（例）「犬を見ると、恐怖が沸く」

図４：プログラムの基本単位
フレームとアンカーが組み合わさって、１つのプログラムが作られている。
出来事がフレームに当てはまると、それが引き金（トリガー）となってアンカーされていた反応が引き出される。

「〜すると、……になる」という因果の形で話すことになる。

言葉に注目することで、プログラムの中身を把握できるわけです。さらには、言葉を使って会話をするだけで、アンカーを変えられる可能性も出てきます。

具体的な方法は第６章で説明しますが、相手が話した言葉の内容が、プログラムと結びついていることを知っているだけでも、多くのことが見えてくるはずです。「〜すると、……になる」、そういう話を他人から聞いても、納得できない場合もあるかもしれません。ですが、それは相手の経験上、そうなるのです。そういう経験をしてきたから、そういうアンカーが作られているのです。

つまり、因果の形で話されていても、実際は、単なる時間的な順番になっているだけだということです。「〜すると、……になる」というのは、原因と結果の法則を示しているのではなくて、**順番を説明しているだけ**なのです。にもかかわらず、用語として『因果』と呼ぶのは、多くの人が、単なる出来事の順番を「原因と結果」のように捉えがちだからです。そう思っておいてください。

風邪薬を飲んだ〝**から**〟風邪が治ったことと、風邪薬を飲んだ〝**後で**〟風邪が治ったことは別物です。風邪薬を飲まなくても自然に治ったかもしれません。

ただ、本人の中で「風邪薬を飲むと、風邪が治る」という記憶の結びつきがあるとしたら、そういう**経験がアンカーを作っている**可能性はあります。

その場合であれば、風邪薬を飲むと（トリガー）、体調の良い状態（反応）が呼び起こされるでしょう。因果が語られるとき、その人にとっては、そこに経験則があるわけです。少なくとも、そういう経験をしてきたことは、〝その人にとって事実〟なのです。その〝事実〟に対しては、「そうか、そういう経験をしてきたんだ」と尊重してみることから自分と他者の理解が深まっていくのではないでしょうか。

第3章

プログラムとして人を理解する……2

――チャンク／ビリーフ

■プログラムを構成する要素③……チャンク

ここまで、サブモダリティ（体験の要素）とフレーム（典型的なイメージ）、アンカー（記憶・反応を引き出す関連づけ）の関係を説明してきました。

今この瞬間の出来事の中から、一部のサブモダリティだけを強調して捉える。それが「フレームに当てはめる」ということでした。そして、フレームに当てはめたら、すごく短い時間差をおいて記憶されていた反応が引き出される。これがアンカーです。

まとめると、「フレームによって一部のサブモダリティを強調して捉えると、そのサブモダリティの組み合わせ（＝フレーム）にアンカーされた反応が引き出される」となります。サブモダリティは元素のようなものだと言いました。するとフレームは、元素が組み合わさってできた化合物（物質）のようなものです。アンカーは化学反応式に相当します。これで一つのプログラムができあがります。

もしくは、サブモダリティというアルファベットを組み合わせて、フレームという単語を書き、アンカーという文法でプログラムの形を表す、といっても構いません。

この、フレームから始まるアンカー一つ分を、プログラムの基本単位と捉えてください。先ほども説明しましたが、この基本単位が繋がっていくと、ある程度の時間の長さがある〝流れ〟を自動的に処理するプログラムになります。

次は、もう少し入り組んだ〝人の心の動き〟をプログラムで表現してみます。ここで、プログラムを構成する要素の三つ目、**『チャンク』**が登場します。

『チャンク』とは〝かたまり〟という意味です。**「意味のまとまり」**、「意味のひとかたまり」のように捉えていただくと良いかと思います。

物事を大きな〝かたまり〟として捉えると一般的で抽象的な内容になって、小さな〝かたまり〟として捉えると詳細で具体的な内容になります。『チャンク』のサイズが大きいと一般的で抽象的、『チャンク』のサイズが小さいと詳細で具体的、ということです。チャンク・サイズが大きいものは、一般的な意味になりますから、多くの具体的なものを含んでいることになります。意味の階層構造を作っているといっても良いでしょう。

……と、ここまでの『チャンク』に関する説明は、具体例がなく、一般的な話になっていますね。こうした説明は、チャンク・サイズが大きい伝え方だといえます。次に、具体的な例を挙げながら説明しましょう。具体例は、チャンク・サイズが小さい伝え方になります。まずはシンプルに、名詞を題材としてチャンクについて考えてみましょう。

「犬」は、名詞ですね。地球上の歴史に登場するすべての犬を含んだ、一般的な意味を表す単語（概念）です。「犬」をもう少し詳しく分類すると、「大型犬」、「中型犬」、「小型犬」……などとなります。「大型犬」の中には、「ラブラドール・レトリーバー」、「ジャーマン・シェパード」、「ドーベルマン」、「ゴールデン・レトリーバー」、「ダルメシアン」、「秋田犬」……などがいます。分類が細かくなってきていますね。つまり、チャンクが小さくなっているわけです。

また、私が子供のころに飼っていたのは「ゴールデン・レトリーバー」ですが、近所にも何軒かゴールデン・レトリーバーを飼っている家がありました。すると、それぞれの家で飼っているゴールデン・レトリーバーには「ポチ」とか「ジョン」などの名前がついていて、「山田さんの家のジョン」といったときは、その一匹だけを指し示すことになります。こうなると非常に具体的です。チャンクが小さいわけです。

一方、「犬」は「ほ乳類」に含まれます。「ほ乳類」には、他に「猫」や「猿」、「ウサギ」、「牛」、「馬」、「人間」などがいます。「ほ乳類」のほうが、「犬」よりも一般的な意味になって、チャンク（意味のかたまり）が大きいということになります。「ほ乳類」は、「動物」に含まれて、「動物」には他にも、「鳥類」、「魚類」、「は虫類」などがありますね。さらに、「動物」よりも「生物」のほうが大きなチャンク・サイズとなります。

よろしいでしょうか。もちろん、「は虫類」のチャンクを小さくしていけば、「ワニ」や「トカゲ」や「ヘビ」、「ヘビ」はさらに「ニシキヘビ」や「ガラガラヘビ」などへ分類されます。このように、生物学で扱うような分類が、階層構造を作っているわけです。

こうしたチャンクの階層構造で分類をしているのは、生物の分野に限ったことではありません。むしろ、私たちはハッキリとは意識をしていなくても、あらゆる物事をチャンクに分けて把握しているといえます。「乗り物」から「車両」や「船」、「飛行機」……。「車両」から「自動車」、「オートバイ」、「電車」……。「自動車」から「スポーツカー」、「ワゴン車」、「トラック」……。例を挙げれば、キリがありません。

また、私たちは名詞だけではなく、形容詞や動詞でも意味を分類しながら区別しています。たとえば、「歩く」という動作は、より大きなチャンクの「移動する」に含まれます。「歩く」の中には、よりチャンクの小さな「早歩き」、「大股歩き」、「忍び足」、「モデル・ウォーク」などがあります（単語の形としては名詞にしてありますが、動作として理解してください）。

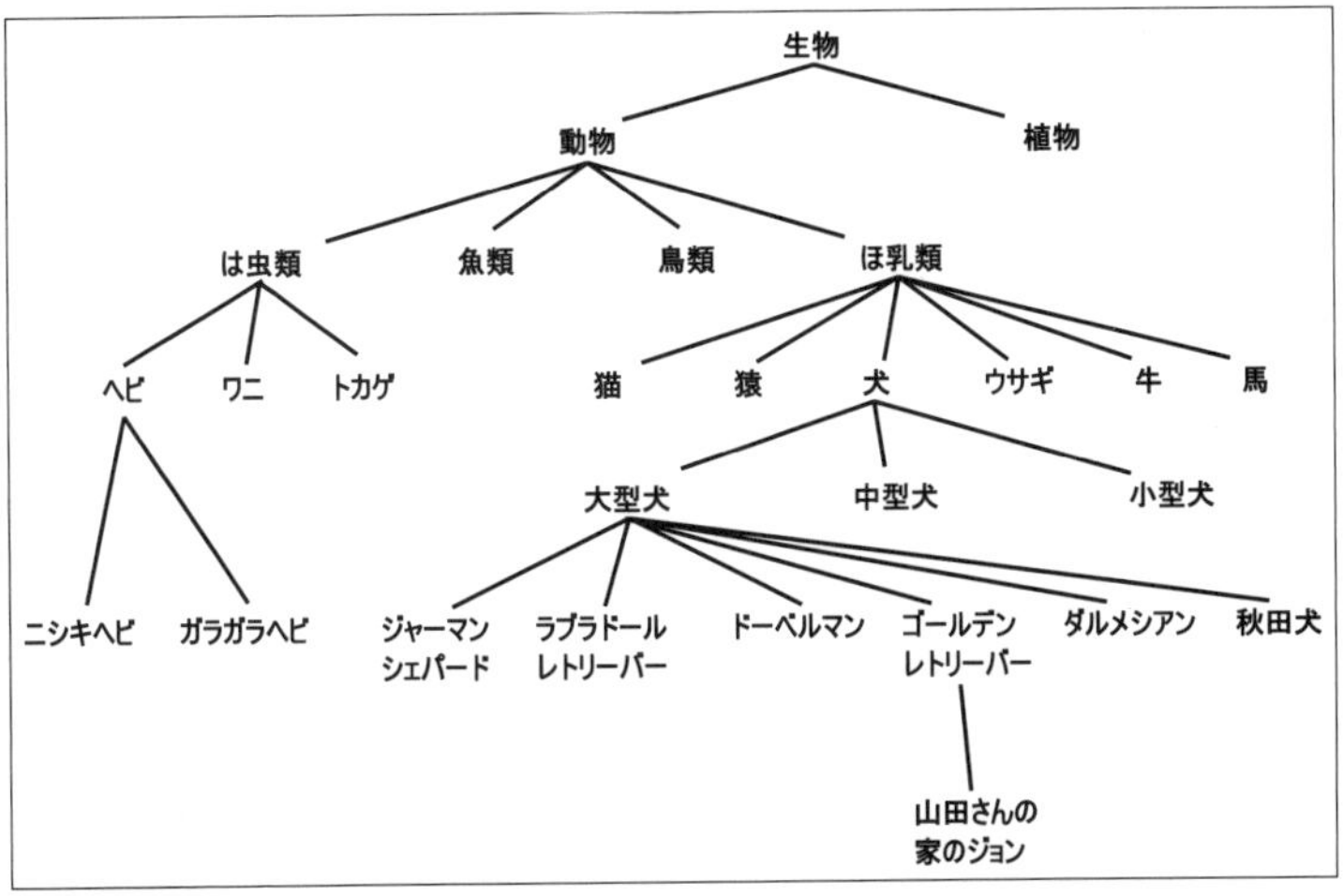

図５：チャンクの構造
階層が上にいくほど抽象的（一般的な分類）になる。＝チャンク・アップ
階層が下にいくほど具体的（詳細な分類）になる。＝チャンク・ダウン

ここで用語の解説を追加しておきます。チャンクを小さくして、詳細で具体的な「意味のかたまり」に目を向けていくことを**『チャンク・ダウン』**、逆にチャンクを大きくして、一般的で抽象的な「意味のかたまり」に目を向けていくことを**『チャンク・アップ』**と呼びます。

ＮＬＰでは良く使われる用語です。本書では『チャンク』の説明を、チャンク・サイズの大きな一般論から始めて、「犬」や「車両」、「歩く」などの具体例に『チャンク・ダウン』していった、というわけです（図５）。

繰り返しになりますが、それぞれの名前で区別できるものは、チャンク・サイズが大きくても小さくても、対応するフレームに当てはめることで認識されています。フレームは、視覚・聴覚・体感覚のサブモダリティの組み合わせで作られていますから、「ゴールデン・レトリーバー」も「犬も」、「ほ乳類」も「動物」も、それぞれ特徴的な見た目や音声、感触などがあるかどうかで判断されていることになります。

もちろん、「犬」よりも「ゴールデン・レトリーバー」のほうがハッキリした特徴を持っていると思います。チャンクが小さくなるほど具体的になりますから、フレームに対応したイメージも具体的で、写真やビデオのような質になっていくものです。

一方、チャンクの大きな「動物」となると、そのイメージは抽象的になります。おそらくフレームとして欠かせないサブモダリティは、「動き」の特徴にあるでしょう。観察者には予測ができない不規則な「動き」を見ていると、〝気まぐれさ〟や〝意思〟のようなものを意味づけると思います。私の場合は少なくとも、止まったり、動き始めたり、スピードを変えたりするところが予測できないほど、「動物」らしく見えてくるようです。

それが「機械」と区別できる、特徴的なサブモダリティでしょう。

チャンクが大きいものほど、特徴づけるためのサブモダリティがシンプルになっていきます。逆に、チャンクが小さいものほど、具体的な特徴が多くなりますから、サブモダリティとしても詳細な情報が含まれるようになります。これがチャンクの基本的な性質です。

■プログラムも階層構造を作っている

チャンクの階層構造については、イメージが掴めてきたでしょうか。ここまでは、「物」や「動作」といった単語（概念）が作っている階層構造を見てきました。同様の構造は、まだまだあります。本書は、プログラムを中心として話を進めていますから、この章の最後に、プログラムと密接に関係したチャンクの構造を説明しましょう。

プログラムの基本単位は、

「フレームによって一部のサブモダリティを強調して捉えると、そのサブモダリティの組み合わせ（＝フレーム）にアンカーされた反応が引き出される」

というものでした。

目の前に起きていることの一部だけをピックアップして意味づけをして、その意味に結びついて記憶されていたものが呼び起こされるわけです。

これが「〜すると、……になる」という『因果』の形になります。『因果』の形で言い表すとシンプルにできますから、これからはプログラムを「～（する）と、……になる」の形で書くことにします。

注意していただきたいのは、『因果』の形で書いてあっても、「～すると」の中に『フレーム』が含まれているということです。あるものごとに対して「～だ」と判断するフレームを使っているから、「～すると」と表現できるわけです。

たとえば、「厳しい上司を見ると、委縮する」というプログラムを考えた場合、そもそも「厳しい上司」と判断するフレームが使われていて、それに対して「委縮する」という反応が引き起こされると考えます。同じ上司に対しても、「厳しい」と判断しない人もいれば、「厳しい」と判断した結果として「反骨精神」が沸く人もいるのです。

「～すると、……になる」の『因果』の形には、フレームとアンカーの両方が含まれていることを意識しながら読んでください。

人は、この『因果』の形もチャンクの階層構造で捉えています。ちょうど「厳しい上司を見ると、委縮する」プログラムを例に挙げましたから、これを使って、先にチャンク・ダウンから見ていきましょう。ここでは因果の「因」、つまりトリガーのほうでチャンク・ダウンしてみます。「厳しい上司を見ると」ですから、これを詳細に（チャンク・ダウン）します。「大柄で、頻繁に大きな声で怒鳴る上司と目が合うと」とか、「速い動作で、大きな物音をたてながら荒々しく仕事をする上司が視野に入ると」などが考えられます。どちらの場合にも、同じように「委縮する」体の反応が起こるので、大きなチャンクでまとめると「厳しい上司を見ると、委縮する」となるわけですね。

もっとチャンク・ダウンすれば「大柄で、頻繁に大きな声で怒鳴る上司に話しかけるためにデスクへ近づいて、途中で目が合うと」とか、「会議で発言をしているときに、大柄で、頻繁に大きな声で怒鳴る上司と目が合うと」などでしょうか。実際の人物として、特定の上司になってないことに注意してください。ここに、過去の経験から「小川部長」とか「古川係長」といった個人名が含まれるようになると、さらにチャンク・ダウンしていることになります。

今度はチャンク・アップです。大きなチャンクでプログラムを捉えると、「自分より目上の、厳しい人を見ると、委縮する」となります。この場合には、上司に限らず、取引先や父親、親戚の伯父さんなども対象に含まれてくる可能性があります。さらにチャンク・アップすれば「威厳のある人と接すると、委縮する」などでしょう。年齢や立場に関係なく、また対面していなくても、威厳を感じる相手は全般に……という意味です。

このようにして、『因果』というプログラムの基本単位においても、チャンクの階層構造を考えることができます。ここで重要なのは、「チャンクが大きくなるほど、多くのプログラムを一まとめにして捉えている」という部分です。

自分の人生や、自分が知っている世の中に対して、法則のようなものを見ているわけです。

「こんなときには、こうなるものだ」という自分だけの法則のようなものです。あくまで主観的な経験則に過ぎませんが、こうした法則のようなものを、人はたくさん持っているのです。

この個人の法則を、NLPでは**「ビリーフ」**と呼びます。

ビリーフの中身は、プログラムそのものですから、プログラムを『因果』の形で言葉に表したものがビリーフになります。ただし、特にチャンク・アップされて、「こんなときには、こうなるものだ」という一般論の雰囲気が出てくるときに、「ビリーフ」という用語が使われます。

その人の中で一般化された大きなチャンクのプログラムが「ビリーフ」。そう理解してもらっても良いでしょう。

ビリーフの話をしたのは、NLP用語を説明したかったからではありません。ビリーフが、プログラムを変えるときの重要なポイントになるからです。

■ビリーフが「問題だ」と判断する

ここまででチャンクの階層構造を説明するのに例として使ったプログラムは、問題に関するものでした。ですが、プログラムには望ましい反応を引き起こすものもあります。

私には、「犬を見ると、心が安らぐ」プログラムがあります。「人を目の前にすると、相手の細かい筋肉の動きに注目する」プログラムがあります。「仲が良さそうにしている人たちを見ると、

〝あぁ、良いなぁ〟と暖かい気持ちになる」プログラムもあります。すべて、私が気に入っているプログラムです。

そして、「犬を見ると、心が安らぐ」プログラムと、「仲がよさそうな人たちを見ると、暖かい気持ちになる」プログラムをチャンク・アップすると、私の経験則が見えてきます。「深い心の触れ合いが見て取れると、心が満たされる」といった感じでしょうか。

人は、このように望ましい体験も一般化して、チャンクの大きなプログラムを自覚します。これもビリーフとなっているわけです。

望ましい反応を引き起こすプログラムと、問題の反応を引き起こすプログラム。その両方があるのです。両方がチャンク・アップされると、その人の人生全般を左右する、重要なビリーフが作り上げられます。あまり衝撃的な事例は控えたいと思いますから、私の体験談で説明しましょう。

私は、子供の頃、いわゆる「良い子」でした。祖父母と同居していましたから、祖母から「良い子ね」と言われることが多かったのを覚えています。日常的な振る舞いとしても、姉の様子を見ながら、「どうしたら怒られるか」を学んでいた記憶があります。怒られる行動を避けて、褒められる行動をする。それで、「良い子ね」と言われる経験を重ねていたわけです。今となっては姉に申し訳ない気持ちもありますが、その時期があって今の自分があるのですから、感謝の気持ちのほうが強いところです。

学校の勉強に関しても、姉がやっているのを小耳にはさんでいたので、何もしなくても予習をしていたようなものです。ですから、学校でも「良い子」の方向で進んでいきます。

上手くできるから認められる。「できると、嬉しい」プログラムが作られます。つまり、「できる」ということが、私にとって大切だったのです。

また、私は小学校のとき、ピアノを習っていました。姉がやっていたから、私もやりたがったそうです。自分も「できる」ようになって、褒められたかったのかもしれません。

ところが、ピアノの練習が上手くいきません。楽譜が複雑になってくると、明らかに「できない」部分が増えてきます。大人から見れば当然です。練習が足りないだけのことです。先生の前で「できる」ところを見せたい。だから練習をする。それは分かっていたと思いますが、練習をしても「できない」時期が嫌で仕方なかったのです。子供は思い通りにならないことを不満に感じるものでしょうから。

そこで私は、上手くできないときに駄々をこねていました。八つ当たりをしたり、癇癪《かんしゃく》を起したり。すると母に怒られます。「じゃあ、勝手にしなさい！」、「やりたくないなら、やらなくてもいいのよ！」といって突き放される。実際に、ピアノの近くから立ち去っていったことも多かったように記憶しています。それが嫌だったのです。

こうした経験を繰り返すうちにパターンが記憶されていきます。一般化されたイメージとしては「ピアノが上手く弾けないで、駄々をこねると、母親が立ち去っていく」という流れですが、チャンク・アップされて印象に残った部分は**「できないと、見捨てられた感じになる」**でした。できないのを自覚すると、孤独感や絶望感に似た反応が起きるプログラムが作られていたわけです。

「できると嬉しい」プログラムと、「できないと、見捨てられた感じになる」プログラムの両方がありました。この両方がチャンク・アップされます。そうして作られるビリーフが「できる・できない」に関して、強力な方向づけとなっていました。言葉にして表現するなら「できなければならない」ぐらいでしょうか。そのため、私は常に「できる」ことを目指して行動をしていた気がします。

自分のプログラムと向き合った結果、今はずいぶんと違う捉え方になっています。「できるほうが良い」ぐらいですね。ですから、今、あの頃のピアノの練習を振り返ると、当時は気づけなかった部分に目が向きます。

本当は「ピアノが弾けなかったから、母親が立ち去っていったわけではない」というところです。「駄々をこねると、母親が怒って立ち去った」だけだったのです。「できない」のがキッカケではなくて、「駄々をこねる」のがキッカケだったのです。「駄々をこねる」行動だけが問題だったと理解できます。「できないと、見捨てられる」わけではない。そのことが実感できています。

むしろ、母は自分がピアノを弾けないのに、私の練習を見ていてくれたところへ気持ちが向きます。今、「できなければならない」プログラムは、「できないと、〝それを本当に、できるようになりたいか？〟と考える」プログラムになっているようです。

ここでのポイントは、このようにしてチャンク・アップされて作られるビリーフが、幅広く影響を及ぼすという部分です。このビリーフが、その後の自分を判断するときに利用されるのです。体験が一般化されて、「良し悪し」の両方を含んだプログラムが作られる。「こうなると良い／こうなると悪い」……そんなビリーフといえます。

このプログラムを使って、二つのことを判断します。一つは、**予測を立てる**とき。二つ目は、**他のプログラムの評価**です。ここが、ビリーフを重要だと考える理由です。

一つ目の「予測を立てるとき」というのは、まだプログラムが強く固まっていない場合の話です。就職や転職、引っ越しなどで環境が変わったり、何かの趣味や勉強を始めたりした場合、その場面特有の、チャンクの小さな（つまり、その場に対応した）プログラムは作られていません。「社長の顔を見ると、逃げたくなる」とか、「いつものセミナー会場に入ると、安心する」とかいったプログラムは、時間とともに作られていくものです。

ですが、初めての状況でも、〝その人らしい〟振る舞い方は現れます。

社長がどういう人かは、まだ分かりません。怖い人かもしれないし、ホッとできる人かもしれない。「社長の顔を見ると……」というプログラムはできていませんから、ある程度、自分で行動をコントロールできます。やろうと思えば、元気に挨拶することもできるはず。笑顔で気さくに話しかけることだってできる。でも、やらない。

代わりに「目上の人と会ったら、礼儀正しく接する」というチャンクの大きなプログラムが働きます。そのプログラムで、その場に合った礼儀正しい振る舞いを予測して、礼儀正しい行動をするわけです。なぜでしょうか。

「礼儀正しく接する」から始まる、もう一つ後ろに因果が繋がったプログラムがあるからです。「礼儀正しく接すると、**無難に終わる**」などです。「目上の人に会ったら、礼儀正しく接する。すると、無難に終わる」……こういう流れがあります。これが**予測をしている**という意味です。「礼儀正しく接すると、無難に終わる」という、大きなチャンクのプログラム（＝ビリーフ）が働いているのです。

その結果、初対面の場合のように、変えようと思えば変えられるはずの行動でも、「変えたくない」のです。

もし、このビリーフを変えて、「目上の人と会ったら、フレンドリーに接する。すると、気に入られる。気にいられると、チャンスが広がる」としたら、自然と行動を変えたくなってくるでしょう。ビリーフというチャンクの大きなプログラムを変えることで、行動を変えていくこともできるわけです。

ビリーフが使われる二つ目の場面は、「他のプログラムを評価するとき」です。

プログラムの仕組みは、「フレームによって一部分を強調するように注目して、それに結びついた反応が引き出される」というものです。チャンクの大きなビリーフも、プログラムである以上、この仕組みを使います。

昔の私の例に戻って説明しましょう。「できないと、見捨てられた感じ（絶望感・孤独感）になる」というビリーフです。『因果』の形になっていますね。その「因」の中には、フレームが使われているという話でした。ですから、私は「できない」を認識するためのフレームを使っていたといえます。

この「できない」のフレームに当てはまる体験があると、アンカーが働いて、「見捨てられた感じ」を味わう。何かを失敗すれば、「できない」のフレームに当てはめられますから、嫌な気持ちになるわけです。

これは、一つの実体験を振り返って「できなかった」と判断する場合に限りません。頻繁に繰り返されるパターンに対しても、同じプログラムが使われることがあります。

研究職として働いていた頃は、「人前に出ると、緊張する」というパターンが嫌でした。「人前に出ると、緊張する」は、プログラムですね。状況が、「人前」を判断するフレームに当てはまると、緊張感が沸き起こる。

研究発表などでプレゼンが多い仕事でしたから、緊張するのが嫌でした。それは、「人前に出ると、緊張する」というプログラムを、「できない」のフレームに当てはめて捉えていたからです。〝人前でも気楽に話す〟ことが「できない」と。「人前に出ると、緊張する」プログラムを「できない」のフレームに当てはめて、「見捨てられた感じ」の反応を、絶望感や孤独感に近い体の反応として感じていたわけです。

実際には、それほど強い気持ちではありませんでしたが、緊張してしまう自分が嫌だったものです。つまり、「できないと、絶望感や孤独感が沸く」プログラム（＝ビリーフ）が、「人前に出ると、緊張する」プログラムを問題だと判断させていた、ということです。

よろしいでしょうか。「人前に出ると、緊張する」プログラムそのものは、ただのプログラムに過ぎません。良し悪しがあるものではないのです。ただ、そういう反応を引き起こすだけの作用です。

そのプログラムを、本人が「問題だ」と捉えるから、問題になるのです。

今の私は、仕事柄、緊張することは減ってきました。それでも、緊張する場合もあります。むしろ大きな違いは、緊張することを「問題だ」と捉えなくなったところにあります。

緊張は「できない」のフレームで捉えられなくなったわけです。

つまり、問題のプログラムを「問題」と判断しているのは、それを「問題だ」と捉える別のプログラムがあるからなのです。プログラムを「問題かどうか」判断するプログラムとして、ビリーフが使われているということです。

ということは、ビリーフが変われば、問題が問題ではなくなるわけです。これもまた、プログラムを変えて、問題をなくしていく一つの方法です。

■プログラムの全体像

それでは、この章の最後に、プログラムの中身について一度まとめておきましょう。第1章では、プログラムの基本性質と、プログラムを変えるにあたっての注意点などを説明しました。プログラムを変えるときに、どのプログラムに狙いを絞ったらいいか、というような話でしたね。本書では、「できない」ことが問題となるケースに絞って、その「できない」を生み出すプログラムを変える方法を中心としています。

第2章と第3章では、そこから踏み込んで、そのプログラムの中身に注目しました。プログラムが、どのように書かれているか、という話です。すべてのプログラムには共通する構造があります。プログラムを構成する要素に分解して、プログラムの基本構造を説明してきました。

これは、プログラムを変えるときに役立つ情報です。NLPには、プログラムを変えるスキルがたくさんあります。ですが、それぞれのスキルによって、プログラムの何が変わるのかはさまざまなのです。薬を飲んだときに、薬の成分によって作用するメカニズムが違うのと同様に、NLPのスキルも、そのスキルがプログラムを変えるメカニズムは違うのです。プログラムを変えるメカニズムが分かっていれば、扱いたい問題によって最適なスキルを選べるようになります。

現実的には、上手くいかなかったら、別の方法を試してみれば良いのかもしれません。ただ、私は無駄なく問題を解決できるようにするのを好みます。それまでにずっと苦しんできた問題であれば、少しでも早く解決できたほうが良いような気がするからです。

第６章では、実際にプログラムを変えるスキルを紹介します。そこでは、この章で解説したプログラムの構造を使って、どのスキルが、プログラムのどの要素を変えているのかを解説します。ですからもう一度ここで、簡単に全体を復習しておきたいと思います。

●プログラムを構成する要素①＝サブモダリティ

・『サブモダリティ』とは、五感で識別できる情報の要素です。

視覚、聴覚、体感覚で感じ取っている情報を細分化したものです。体験の〝元素〟のようなものといえます。

・サブモダリティが組み合わさって、フレームを作ります。

物事を認識するときには、基準に当てはまるかどうかで判断します。そのときの基準が『フレーム』です。特徴的なサブモダリティがフレームと一致すると、フレームに当てはめられて、そのときに意味づけがなされます。特徴的なサブモダリティが強調されるため、フレームには歪みがあります。

●プログラムを構成する要素②＝アンカー

・フレームに当てはめると、結びついた記憶が呼び起こされます。

フレームに当てはめられると、それがトリガー（＝引き金）となって、結びついている反応（視覚、聴覚、体感覚）が呼び起こされます。この結びつきを『アンカー』と呼びます。目の前の出来事だけでなく、アンカーされていた反応を体験することになります。

●プログラムの基本単位＝因果

・フレーム（サブモダリティで作られている）とアンカーでプログラムが作られています。

特徴的なサブモダリティに注目することでフレームに当てはめると（トリガー）、アンカーされていた反応が呼び起こされる。この流れが、プログラムの基本単位です。この単位を自覚して、言葉で表現すると「～すると、……になる」という形になります。これを『因果』と呼びます。「～する」と捉えている部分に『フレーム』が使われていて、「～と、……になる」という結びつきが『アンカー』です。

プログラムの基本単位が繋がっていくと、時間経過が表現されていきます。

↓プログラムの変え方１：フレームを変える
フレームを変えると、同じ出来事に対しても、別の意味づけとなります。結果として、いままでのアンカーが使われなくなって、問題となる反応が起きなくなります。

↓プログラムの変え方２：アンカーを変える
フレームは変えずに、フレームと反応の結びつき（＝アンカー）を変えます。同じように意味づけをしても、そこから引き出される反応が変わって、問題の反応が起きなくなります。

●プログラムを構成する要素③＝チャンク
・意味のまとまりを『チャンク』といいます。
一般的・抽象的な捉え方だと「チャンクが大きい」、詳細・具体的な捉え方だと「チャンクが小さい」と表現します。グループ分けの階層構造を作ります。
・チャンクの大きなプログラムをビリーフといいます。
因果の形をしたプログラムの基本単位もチャンクの階層構造を作ります。特に、チャンクの大きなプログラムは『ビリーフ』と呼ばれます。このビリーフが、チャンクの小さなプログラムに影響を及ぼします。

・自分の意志で行動をコントロールできる場合には、ビリーフに沿った行動が選ばれます。
・ビリーフによって別のプログラムを評価して、そのプログラムが「問題かどうか」判断します。

↓プログラムの変え方3：ビリーフを変える

ビリーフもプログラムの基本単位としての構造をとっていますから、フレームとアンカーの両方を変えられます。ビリーフのアンカーが変わると、ビリーフに沿った行動が変わります。別のプログラムを「問題」と判断するときに使われるビリーフにおいて、フレームが変わると、そのプログラムを問題と判断しなくなります。

ということで、この章ではプログラムの中身について詳しく説明しました。繰り返しになりますが、この解説をした理由は、プログラムを変えるための着眼点を持てるようにするところにあります。ＮＬＰは薬のようなものではなく、薬を理解するための化学のようなものだといったのは、まさにこの部分なのです。

この章では、プログラムの構造を理解してもらうために、「どうやってプログラムが作られるか」というストーリーも含めて説明をしてあります。実際には、プログラムの作られ方は、もっと複雑です。

ですが、ＮＬＰで重要なのは「どういうプログラムがあるかを理解して、プログラムを変えられるようにする」ところです。「どうやってプログラムが作られたか」は、そのNLPの目的には、必ずしも必要ではありません。

プログラムが体験の回数と感情的インパクトの強さで作られるという部分に関しては、プログラムを変える方法にも使われている考え方ですから、覚えておいてもらえると良いかと思います。それも、あくまでプログラムを変えることを目的として説明したということです。

コンピュータのプログラミングの話に戻ると、NLPでやることは、誰かが作ったプログラムを読んで、上手くいっていないところを修正するような内容です。ですから、プログラムを書くときのルールは分かっているほうが望ましいわけです。

ですが、他の誰かが書いたプログラムを読んでも、そのプログラマーの意図まで理解するのは難しいと思います。どんなコンピュータを使って書いたのかは分からないでしょう。

誰が、何回ぐらい書き直して、どういう書き直しの作業を繰り返していまのプログラムになったのかを、他人が言い当てるのは大変なはずです。何より、プログラムの問題点を書き直して修正するだけなら、そういう情報は必要ではないでしょう。すでに書かれているプログラムが、どういう指示を出している内容なのかが分かれば、その指示内容を変えるだけで良いわけです。

そのプログラムを書いた人を探し出して、問題を残したことを責め立てるようなことをするのは、NLPの目的ではないのです。

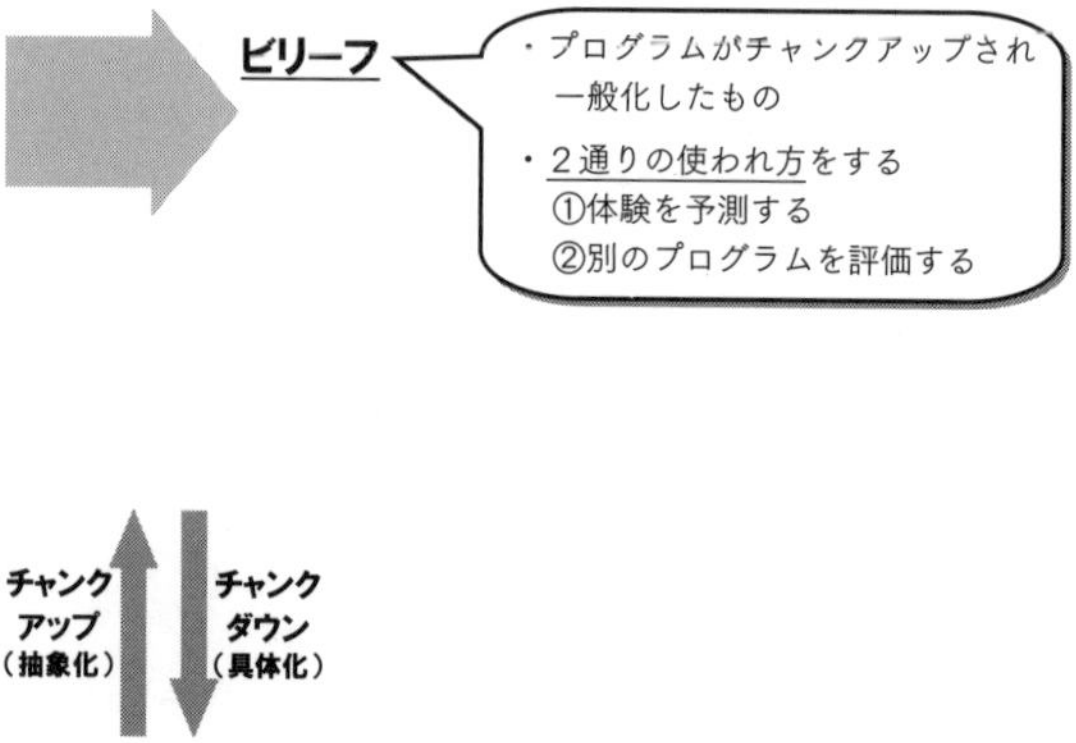
ビリーフ
・プログラムがチャンクアップされ一般化したもの
・2通りの使われ方をする
①体験を予測する
②別のプログラムを評価する
チャンクアップ（抽象化）
チャンクダウン（具体化）

●プログラムを変える方法

1．フレームを変える
…出来事の意味づけが変わって、違う反応が出るようになる

2．アンカーを変える
…問題の反応が出なくなるように、自動的な結びつきを変える

3．ビリーフを変える
…①予測の仕方が変わって、別の行動をとるようになる
②別のプログラムへの評価が変わって、問題だと捉えなくなる

図6：プログラムの全体像

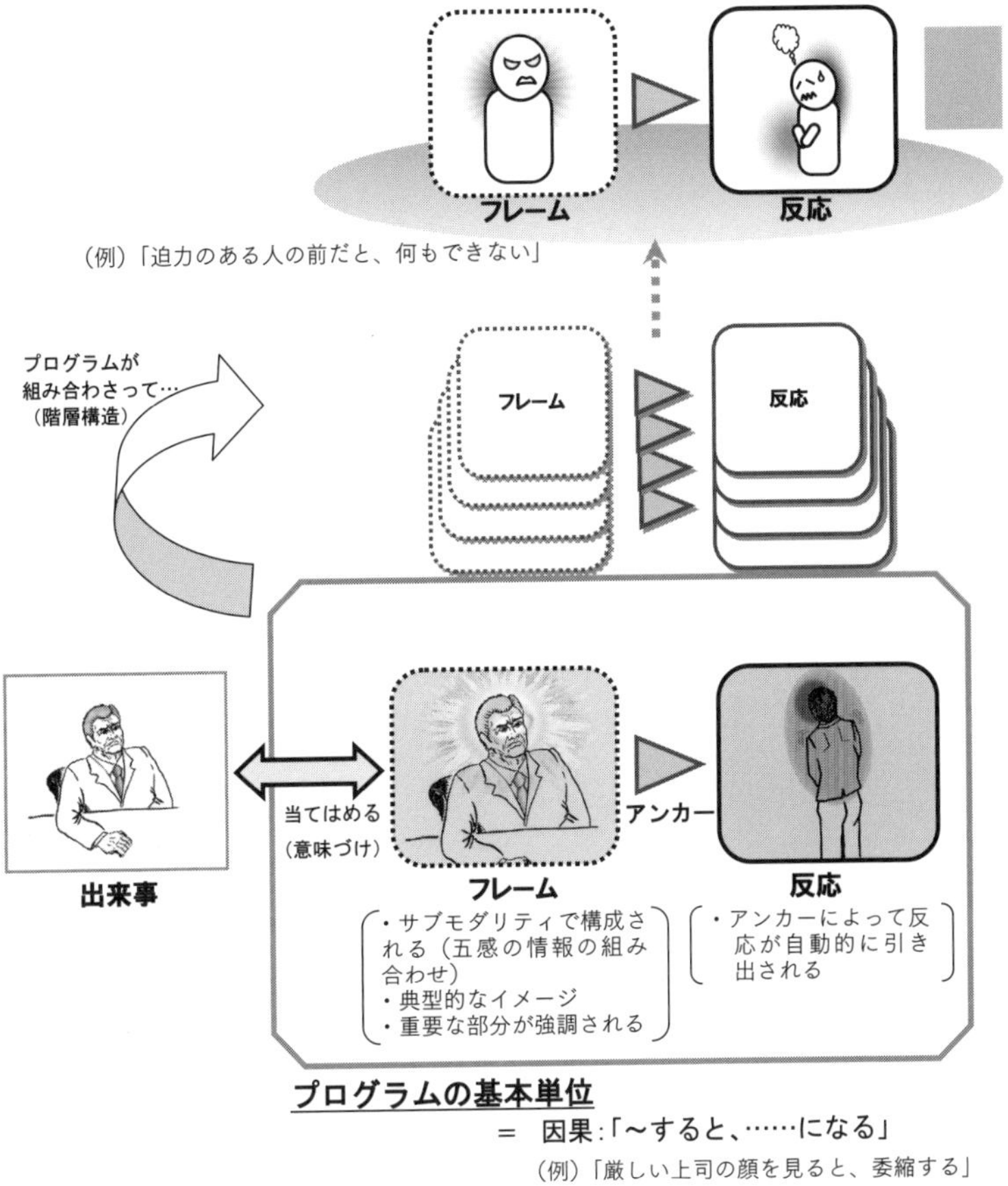
フレーム
反応
(例)「迫力のある人の前だと、何もできない」
プログラムが
組み合わさって…
(階層構造)
フレーム
反応
出来事
当てはめる
(意味づけ)
アンカー
フレーム
反応
・サブモダリティで構成される(五感の情報の組み合わせ)
・典型的なイメージ
・重要な部分が強調される
・アンカーによって反応が自動的に引き出される
プログラムの基本単位
= 因果:「〜すると、……になる」
(例)「厳しい上司の顔を見ると、委縮する」

それでは、いよいよプログラムを変える方法に進んでいきますが、その前に、NLPと言語の関係についてお伝えします。言ってみれば、〝神経言語〟と日本語を翻訳するような作業です。そして、それを踏まえて、他人のプログラムの中身を、会話を通じて把握する技術を紹介します。もし「NLPは自分のプログラムを変えるためにしか使わない！」というのでしたら、第5章は飛ばしても良いかもしれません。

その内容は、カウンセリングやコーチングに限らず、教育や指導に関わる場合には役立つものだと思います。相手の問題を生み出しているプログラムを把握できれば、どういう伝え方をしたら良いかのアイデアも色々とわいてくるでしょうから。言葉を通して相手のプログラムに迫っていく。これもまたNLPの一つのポイントです。

第4章

言語とNLP……1
——五感の情報から意味を読み取る

言語とＮＬＰには密接な関係があります。そもそもＮＬＰは、心理療法家の言語パターンを解析したところから出発していますが、その他にも面白いところがたくさんあります。

この章では、言語について詳しく見ていきます。そう、まさに文字通り、言語について詳しく「見ていく」ことをします。言語の中身を映像的に「見ていく」ことで、今まで気にしていなかったことをいろいろと発見できると思います。

本書で言語を扱う目的は、ここでもやはり、「プログラムを理解して、プログラムを変えられるようにする」ところにある。〝神経言語〟で書かれたプログラムを、日本語に翻訳できるようにしたいのです。

プログラムはサブモダリティという五感の情報を使って書かれているわけですから、視覚情報は、プログラムを理解する効果的な方法の一つだといえます。だから「見ていきましょう」という話なのです。

その作業の中で、先ほど挙げた心理療法家の言語パターン（プログラムの中身を「見る」ための質問）も、いくつか紹介します。こちらは実用的な技術として使ってもらえるはずです。

そして、言語の中身が分かってくると、言葉がどのように相手に伝わっていくのかが掴めてきます。結果的に影響力のある言葉を選べるようになります（本書では、その部分を第6章で応用していきます）。言葉を用いてプログラムを変える方法です。

詳しくは後ほど説明しますが、ＮＬＰでは大きく分けると、二通りのやり方でプログラムを変えていきます。

一つは**仮想体験**です。イメージを使って、想像の世界で体験をしてみる方法です。

プログラムは体験によって作られる。その回数と感情的インパクトの強さによって、プログラムが定着していく。それが原則でしたね。

実際の体験によって作られてきた問題のプログラムを、イメージの中での体験を通して変えていく作業をすることができます。

もしかすると、読者の方々は、イメージだけでは実体験よりもインパクトが弱いと思われるかもしれません。しかし、そこにＮＬＰの工夫があります。むしろ、ＮＬＰの方法論では、実際の体験よりもイメージの方が効率的に扱えるのです。感情的なインパクトを高める方法も使いますし、イメージだからこそ、回数を短期間で集中的にこなすこともできます。

たとえば、小学校の頃の私は犬が恐かったわけですが、中学生から一二年間、犬を飼っていたことで、私はすっかり犬好きになりました。この元の「犬が恐い」プログラムから、「犬を見ると心が安らぐ」プログラムへの変化には、実に長い時間（一二年間）がかかっています。

もし、「犬が恐い」プログラムを実際の体験を利用して変えようとしたら、まずは犬のオモチャを眺める程度から始める必要があるかもしれません。それから、おとなしくて吠えない犬に近づく練習をして、触れるようにしていく。徐々に馴らしていくわけです。それで、生まれたての仔犬ぐらいなら大丈夫になったところで、実際に犬を飼ってみる。五年も犬と暮らしていれば、「犬が恐い」プログラムは、だいぶ弱まっているかもしれません。それから、自分の飼い犬以外にも触れるように馴らしていきます。

ＮＬＰでは、何がキッカケ（＝トリガー）でプログラムが始まるかを絞り込んで、そこからプログラムを変える作業に進みます。ですから、「犬」全般をトリガーとして扱ってプログラムを変えることで、すべての犬に対するプログラムを一度に対処できるのです。

そして、第2章で説明したように、私たちは目の前の出来事を体験しているわけではありません。「犬が恐い」のは、目の前の犬を体験しているからではないのです。**記憶の中から引き出される恐怖の反応を体験している**からです。

この記憶が引き出されてしまう部分をピンポイントで変えていくのがＮＬＰの手法です。ですから、長い間、犬を飼うことでジワジワとプログラムが変わっていくのを待たなくても、プログラムだけを狙って変えることができるのです。そこが、ＮＬＰの効率的な部分です。

たとえば、私が持っていた「犬が恐い」プログラム程度であれば、一五分ぐらいで犬を触れるところまでは対処できたと思います。


今は具体的な作業が分からなくて、ピンとこないかもしれませんが、第6章で詳しく説明しますからご安心を（「スウィッシュ・パターン」一九八頁参照）。まずは、ＮＬＰでは「イメージを使ってプログラムを変える」ということを理解しておいてください。

それには、プログラムの中身を自分が詳しくイメージできるように、把握していく必要があるわけです。そのために**質問を使って、中身を明確にしていく**。これが、この章での大きな目的の一つです。


ＮＬＰでプログラムを変えるときのもう一つのやり方が、言葉を通じてプログラムに影響を及ぼす方法です。特に決まった手順でイメージを使うのではなく、一見すると自然な会話を通じてプログラムを変えるのです。

おそらく、誰かから質問をされたり、自分と違う意見を聞いたりして、自分の考え方が大きく変わった経験があるだろうと思います。例として、一つ私の体験談を紹介しましょう。

以前の私には、「ルールや制限は人の可能性を妨げる」という考えがありました。ビリーフですから、これもプログラムですね。ある日、受講生の樋山さん（仮名）と話をしていたときのことです。ＮＬＰで使われる「制限となるビリーフ」という言葉を話題にしていました。当然、私の中には、その考えが浮かんでいます。そのとき樋山さんが言ったのです。「制限があるからこそ、その中で工夫する楽しさもあると思うんですよね。僕はサッカーが好きなんですけど、サッカーは〝手を使ってはいけない〟という制限があるから面白いと思うんです」この話を聞いて、私の考えは一気に変わりました。制限というものが、とても大事なことに感じられるようになりました。

私の考えを大きく変えたこの樋山さんの一言は、ＮＬＰにおいて『リフレーミング』と呼ばれる言葉がけです。おそらく、誰もが似たような体験をしたことがあると思います。このように言葉を通じてプログラムを変えることもできるわけです。リフレーミングを含めてプログラムを変える技術については後ほど詳しく解説しますから、この段階ではまず「言葉によってプログラムが変わることがある」ことに注目しておいてください。

では、なぜ言葉でプログラムが変わるのでしょうか。それが、この章のもう一つのテーマです。それは、プログラムを書くときに使われている〝神経言語〟が、日本語と対応しているからです。そのため、言葉を通じてプログラムの中身を知ることもできますし、言葉によってプログラムを変えることもできる。

まずは、言葉の中身を詳しく見ていきましょう。それから、プログラムを把握するための質問を紹介していきます。

■意味はサブモダリティが作る

第2章でサブモダリティの説明をするとき、「犬」を例に挙げました。

サブモダリティとは五感で区別できる要素でしたね。体験の元素のようなものです。視覚としては、「大きさ」、「色」、「形」、「明るさ」など、聴覚であれば「音量」、「音程」、「トーン」、「響き」などです。触覚、味覚、嗅覚など、その他の体で感じとる感覚は体感覚として扱う。「強さ」、「位置」、「質感」、「固さ」、「温度」、「動き」などが体感覚のサブモダリティの種類です。

こういった情報を組み合わせることで、一つの意味が生まれる。そういう話でした。

ですから、「犬」と言った場合にはそこに、犬らしい「形」と、犬として標準的な「大きさ」の範囲と、犬っぽい「鳴き声」と、毛並みの「柔らかさ」、「温度」などが含まれています。そういうサブモダリティの特徴を組み合わせたものが「犬」となります。私たちは、「イヌ」という音を聞いて単語を捉えたとき、頭の中に、その「犬」のイメージを浮かべていると考えます。

すぐに思い浮かぶ人もいれば、思い浮かばない人もいますが、それは個人差の部分です。そもそも記憶に注意が向きやすい人もいれば、目の前の出来事に注意が向きやすい人もいます。記憶に注意が向く人の中にも、視覚情報（イメージ）に注目する人、聴覚情報（音声）に注目する人、体感覚情報（感情的反応など）に注目する人がいます。単純に、好みの違いです。傾向として、イメージに気づきやすい人もいれば、気づきにくい人もいるのです。

ですから、もし「イメージが浮かびにくい」と感じても、それは「今までイメージに注意を向けていなかったから慣れていないだけだ」と考えてください。うっすらと、おぼろげに見えているぐらいでも大丈夫です。見えているんだか、見えていないんだか分からなくても、「どのくらいの範囲かな？」と思えば、だいたいの感じは掴めるはずです。

夢を見るほど鮮明にイメージできる人は滅多にいません。そもそも、あまりにも鮮明にイメージが見えてしまったら、現実と想像の区別がつかなくなります。それは一般的に「幻覚」と呼ばれます。「これは記憶から思い出しているんだ」と区別できるためには、ハッキリ見え過ぎないようになっていても自然なことなのです。

繰り返しますが、ＮＬＰとしてここで重要なのは「野川さんの家の柴犬のジョン」のように、チャンクの小さな、具体的な一匹を特定しないことです。

「犬」に対応するイメージ（フレーム）は、すべての犬に当てはまる特徴を兼ね備えている必要があります。鼻の細長い犬もいれば、鼻の短い丸顔の犬もいます。耳の立っている種類も、耳の垂れている種類もいます。

そういうバリエーションを含めて、「一般的には、どんな感じかな?」と思い浮かべるのが、「犬」全般のイメージを浮かべるコツです。そうすると、犬種を特定できない、かなり曖昧な絵になると思います。私の場合は、『スヌーピー』をリアルにした感じです。ビーグルではありません。リアルな『スヌーピー』です。

もちろん、人それぞれ、思い浮かぶイメージは違っていて当然です。「犬」というチャンク・アップされたイメージは、多くの経験が一般化されて作られているからですね。

私の場合は、ゴールデン・レトリーバーを飼っていた影響が強いですから、すべての犬に当てはまるつもりでも、その印象に引っ張られてしまいます。耳が垂れている「形」で、中型犬より少し大きく一メートル弱ぐらいの「大きさ」。ですから、リアルな『スヌーピー』ぐらいになります。

よろしいでしょうか。人それぞれ思い浮かぶ「犬」のイメージは違っていても、そこには「犬」全般に当てはまる、たくさんのサブモダリティがあるわけです。「形」、「大きさ」、「立体感」、「配色」、「質感」、「温度」、「柔らかさ」……このあたりは含まれているでしょう。鳴き声も思い浮かべれば、声の「トーン」や、「音程」、「音色」なども分かりますね。

こういう注目の仕方をしたいのです。言葉の持つ『意味』を、見た目、音声、体の感じを組み合わせて、詳しく説明する。私たちはすべての言葉の『意味』を、このようにして区別していま す。何かの言葉を文字として見たり、会話の中で聞いたりしたときには、こうしたイメージを使って理解しているわけです。そのイメージに対応する呼び名が「言葉」なのです。

それでは、言葉とサブモダリティを対応させる練習をしてみます。

■言語をサブモダリティに対応させる①「物」

最初は、『物』を表す「名詞」からです。「箱」をサブモダリティで表現してみましょう。つまり、「箱」を、「明るさ」や「大きさ」、「形」など、見た目の情報で表してみるということです。必要であれば、音声や手触りなども使ってみてください。

まず「箱」をイメージします。パッと思い浮かぶ「箱」の映像を思い描いてください。

身近にある具体的な箱が思い浮かんでいませんか？　段ボール箱の映像だとしたら、それは「段ボール箱」です。ですが、「宝石箱」というのもありますよね。どちらも箱ですね。ということは、「箱」は必ずしも段ボールに限定されないわけです。

ですから、その場合には、どちらにも当てはまる漠然とした「箱」にイメージを修正してください。一度思い浮かべてみて、「ちょっと待って。こういうのも〝箱〟って呼ぶか……」と思ったら、両方に当てはまる「箱」のイメージに修正する。そういう作業を繰り返して、一般的な

「箱」のイメージを洗い出していきましょう。

よろしいでしょうか。「形」は「箱」を決める上で、最も重要なサブモダリティでしょう。「角ばっている」ものだと思います。

例外的に、お菓子の入っている箱などで、上から見ると円形で、平べったい箱もありますが、「角がある形」のほうが一般的でしょう。上から見ると円形のものは、幅よりも高さが長くなると、「筒」と呼ばれそうですから。

そして、一つの面がなくて、内側が空洞になっている。

〝ふた〟は、どうでしょうか。〝ふた〟にあたる部分は、映像として細かくいうと「一つの面が、本体から離れたり、戻って空洞を閉じたりする動画のイメージ」といった感じかと思います。この〝ふた〟の要素は、「箱」にあってもなくても大丈夫そうですが、私が持っているイメージには必要みたいです。繰り返しになりますが、人それぞれ経験が違う以上、多少の個人差はあって構いません。

ここまでが「形」です。

「大きさ」については、どう思いますか？

「大きさ」は「箱」かどうかとは無関係なようです。虫眼鏡で見ないといけないような小さなものでも、高層ビルのような巨大なものでも、「形」が「箱」に当てはまると分かれば問題がない

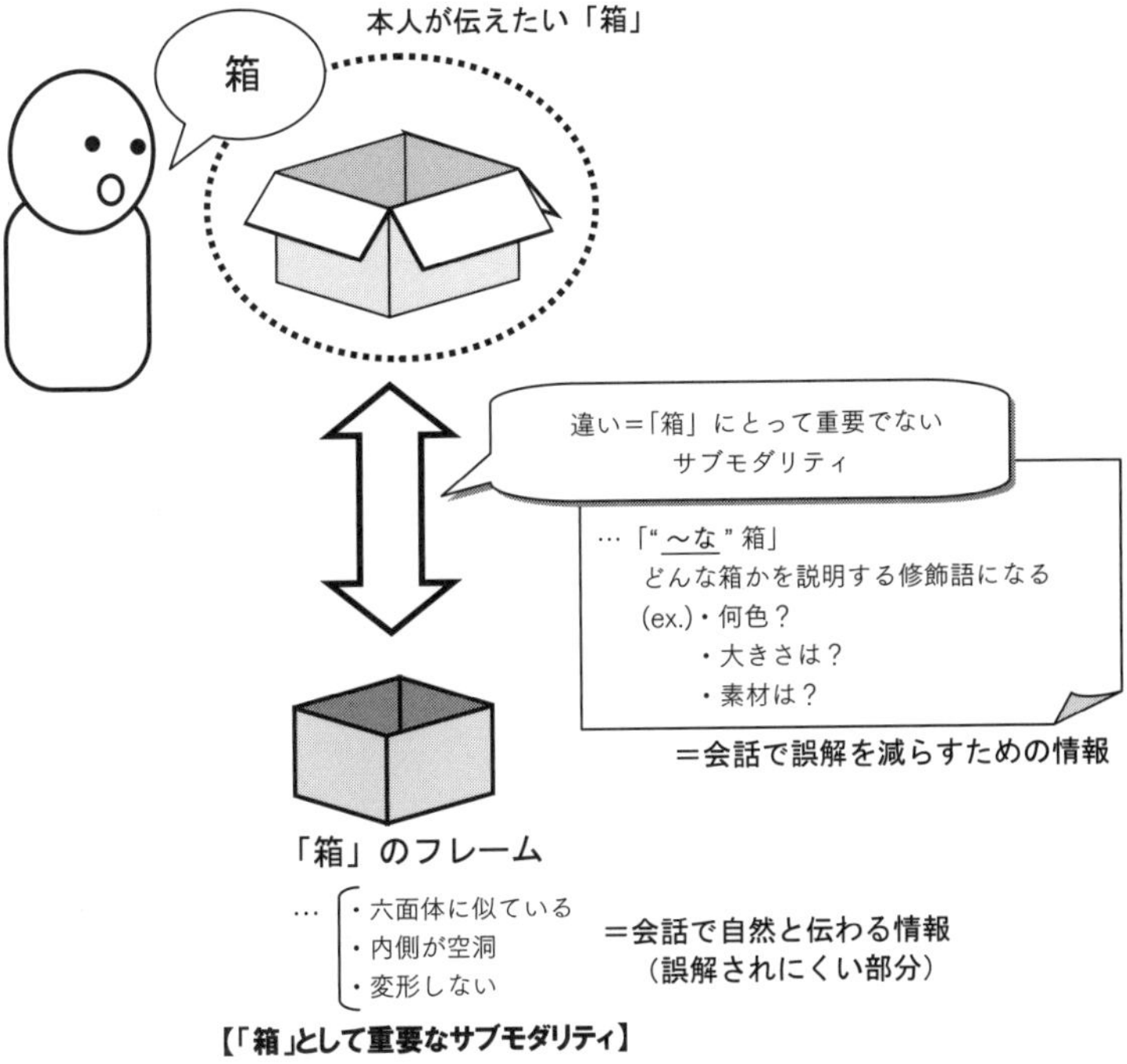
本人が伝えたい「箱」
箱
違い＝「箱」にとって重要でない
サブモダリティ
…「“～な”箱」
どんな箱かを説明する修飾語になる
(ex.)・何色？
・大きさは？
・素材は？
＝会話で誤解を減らすための情報
「箱」のフレーム
…・六面体に似ている
・内側が空洞
・変形しない
＝会話で自然と伝わる情報
（誤解されにくい部分）
【「箱」として重要なサブモダリティ】

図７：言葉を通して伝わるサブモダリティ

ものでしょう。

「色」や「明るさ」は関係がありませんね。「透明」かどうかも無関係です。

「光沢」は、ある一定の条件になると重要かもしれません。金属光沢の話です。金属特有の光沢がありますよね。それを言葉で説明するのは難しいですが、多くの人は、触らなくても光沢の種類で、金属かどうかが想像できるはずです。

もし「形」が「箱」に当てはまっていて、「金属光沢」があるとしたら、いかがでしょうか。「缶」と呼びたくなる人がいるかもしれません。ただし、「缶」の場合は〝ふた〟（一つの面が本体から離れるイメージ）が欠かせないでしょう。また、あまりに大き過ぎても「缶」と呼びません。

そう考えると、「缶」に当てはまるための条件には、「箱」に当てはまるよりも多くのサブモダリティが必要そうです。つまり、「箱」のほうが「缶」よりも、チャンクが大きいといえますね。「箱」のほうが「缶」よりも一般的だというわけです。


それから「箱」に重要なのが、「固さ」です。フニャフニャな箱はありませんよね。

「固さ」も丁寧にサブモダリティに分解してみましょう。まず体感覚のサブモダリティとして「固さ」が分かります。これは直接的です。

同時に聴覚のサブモダリティでも「固そうな音」が分かるはずです。「コンコン」とか「カンカン」とか「ゴンゴン」とかです。私が興味深いと思うのは、「箱」の「形」を思い浮かべながら、「コンコン」や「カンカン」、「ゴンゴン」という音を想像すると、思い浮かぶ「箱」の「大きさ」や「色合い」が変わるところです。「箱」の素材や大きさによって、叩いたときの音が違うことを、経験的に知っているということです。ただし、「箱」であるからには「固そうな音」が思い浮かびます。

また、「固そうだ」と視覚的に判断するには、力が加わっても「形が変わらない」ことに注目しているはずです。「フニャフニャ」、「プルプル」、「ドロドロ」などの擬態語で表現される「柔らかさ」は、形の変わり方の違いに対応していますね。それに対して、「固い」ものは、形が変わらないわけです。

こうした視覚、聴覚、体感覚のサブモダリティを組み合わせて、「固さ」が確実に分かるわけです。

「温度」や「手触り」など、体感覚で重要そうなサブモダリティは、あまりなさそうです。

ということで、「箱」を決めるサブモダリティは「形」と「固さ」。欠かせないのは、それぐらいでしょうか。

つまり、内側が空洞の六面体から、一つの面を外した形をしていて、全体の形は動画にしても変形しない。叩くと「固そうな音」がして、手触りとしても固い感じが分かる。

……これが「箱」をサブモダリティで表現したものといえそうです。

ここでやっている練習は、その『物』の特徴を表現しているサブモダリティを探し出す作業です。「箱」にとっての「色」や「大きさ」のように、「箱」かどうかを判断するのには関係のないサブモダリティもあります。そういうサブモダリティではなくて、その**『物』にとって重要なサブモダリティ**を探そうとしていたわけです。

そして、〝重要でない〟サブモダリティは、人それぞれにとっての平均値のようなイメージが思い浮かびます。

多くの経験が一般化されてくると、重要なサブモダリティは共通点としてハッキリしてきますが、重要でないサブモダリティは曖昧なまま、平均値としてイメージに反映されていくのです。ですから、パッと思い浮かぶイメージの中には、重要な共通点と、平均値の両方があることを知っておくと良いと思います。

たとえば、「川」のイメージを浮かべたとしましょう。河川敷の堤防の近くに住んでいた人と、渓流釣りの好きな人とでは、馴染みのある「川」の場面が違いますね。平均値としての川の「幅」や、水の「透明度」には、個人差があります。ですが、水が「流れている」ところは共通点です。

多くの人が共通点を知っているからこそ、言葉でコミュニケーションができるのです。私たちが会話の中で**言葉を使って説明をしたとき、相手に伝わっているのは、この共通点の部分**だといえます。

一方、重要度の低いサブモダリティは、人それぞれの経験によって平均値に大きな個人差があります。こちらの情報は、話している人と聞いている人とで、違ったものをイメージしている可能性が高いわけです。ですから、**そのイメージの違いを減らすように会話をするのが、コミュニケーションで誤解を減らす一つのコツ**になります。

当たり前の話ですが、「すみません、隣の部屋から箱を取ってきてもらえますか？」と言われたら、「どんな形の箱ですか？」とは聞きませんよね。「どれぐらい大きさですか？　何色ですか？」と確認すると思います。知らず知らずのうちに、イメージの個人差が大きい部分をハッキリさせようとしているわけです。

サブモダリティで特徴を表現する。今まで、そんなことを考えたことはなかったかもしれません。ですが私たちは、普段から気にかけてはいなくても、「箱」にとって「形」が重要な特徴だということを知っているということです。

このように言語の中身を考えているのは、言語もサブモダリティと結びついていることを実感してもらうためです。

もちろん目標は、プログラムを理解するところです。プログラムもサブモダリティを使って作られているのですから、言葉からサブモダリティをイメージできるようになれば、プログラムも理解しやすくなるというわけです。

さて、ここまでは『物』の話でした。次は『動作』に進みましょう。

■言語をサブモダリティに対応させる② 「動作」

「物」だけでは言葉を使ったコミュニケーションは不十分です。

喫茶店に行って「ホットコーヒー」という単語を口にすれば、それだけでも目的は充分に果たせますが、言葉はもっと複雑です。ホットコーヒーをどうしたいのか。そこに『動作』が含まれていますね。

つまり、『物（名詞）』と『動作（動詞）』を組み合わせて、文章にしていくという段階です。

『物』について考えたときと同じように、ここでは『動作』をサブモダリティで表現してみましょう。

やはり、あまり具体的にならないようにすることがポイントです。共通点を探したいからですね。その『動作』の特徴として、なくてはならない見た目、音声、体の感じを見つけたいわけです。

おそらく、『動作』を考える場合には、『動作』そのものが具体的すぎることはないはずです。むしろ、具体的になり過ぎて共通点を掴みにくくしてしまう可能性があるのは、動作をしている主体でしょう。何が動作をしているか、ということです。動作をしている『物』が具体的になってしまうと、その『動作』そのものに欠かせない要素が分かりにくくなりますから気をつけてください。

たとえば、「飛ぶ」という動作を考えてみたとき、鳥も飛びますし、ムササビも、ハチも飛びます。飛行機も飛びます。であれば、何か羽のあるものが飛んでいるところを想像すれば良いのでしょうか？　それだけでは足りなさそうですね。ボールやフリスビーも飛びます。

地面よりも高い空間（空中）を移動しているときに「飛ぶ」と呼ぶわけです。ですから、飛んでいる『物』は、具体的でないほうがイメージを思い浮かべるのには適しているといえます。球体でも、円形の板でも、三角形の板でも構いませんが、「〝何か〟が飛んでいる」を、〝何か〟のままでイメージするように練習してみてください。

私たちは、知らないうちに、そういう区別の仕方（フレーム）を持っているものです。だからこそ、「鳥が飛ぶ」といったときにも、「ボールが飛ぶ」といったときにも、同じように理解できているのです。

これから『動作』をサブモダリティで表現する練習をしていきますが、具体的ではない〝何か〟がその『動作』をしているところをイメージしてみてください。難しければ、「飛ぶ」の例で考えたように、「鳥が飛ぶ、ムササビが飛ぶ、ハチが飛ぶ、飛行機が飛ぶ、ボールが飛ぶ……」というように例をイメージしてから、「飛ぶ」という『動作』に共通するイメージを見つけても構いません。それから「〝何か〟が飛ぶ」のイメージを作ってみましょう。

そして、その曖昧な〝何か〟に、そのイメージをやらせてみます。それでも、同じように「飛んでいる」ように見えたら、そこには「飛ぶ」に必要なサブモダリティが含まれているはずです。

では、「押す」、「突く」といった比較的近い内容の動作を比較してみることにしましょう。それぞれの『動作』を判断するのに欠かせない見た目、音声、体の感じを思い浮かべていきます。分かりにくい場合には「～で……を押す」、「～で……を突く」という形でイメージしても良いと思います。

なお、「飛ぶ」の場合には「〝何か〟が飛ぶ」で文章が終わりますが、「押す」、「突く」の場合には対象物が必要になります。「……を」の部分です。目的語と呼ばれるものですね。

『動作』(動詞)の中には、このように動作の主体(主語)と、動作を受ける対象物(目的語)との関係を表現したものがたくさんあります。「主語と目的語の関係」を説明する言葉かどうかを、私たちは暗黙のルールとして把握しているわけです。

ですから、もし「あの人が押したんです」と言われたら、「何を?」と聞き返したくなるのです。『物』と『物』の関係に注目してみましょう。そこに『動作』があります。言い換えると、ここでやろうとしているのは、『物』と『物』の関係を、視覚や聴覚、体感覚で区別できるようにする練習となります。

ということで、「押す」から始めましょう。

対象物（目的語）は、どんなものを「押す」場合にも当てはまるように、曖昧なイメージにしておきます。せっかく先ほど「箱」について考えましたから、漠然とした「箱」をイメージしても良いと思います。ですが、ここの目的は『動作』をサブモダリティで表現することですから、あくまでも「押す」という『動作』そのものに注目してください。

曖昧なまま「押す」をイメージしてみます。

視覚のサブモダリティとしては、対象物と接している部分が「広い」という特徴があるはずです。

一時的に、具体的なイメージを使うとしたら、手の平でドアを「押している」ような映像です。指一本では押さないですよね。手の平という〝面〟を使うと思います。

「押す」の場合には、広い範囲で接しているはずです。

もう一つ欠かせないのが、力が「対象物の方向」に加わっているイメージです。そっちに向けて動こうとしている感じ。図式的に表すなら、対象物の方向に矢印を向けるところですね（図8）。

音声は必ずしも必要ではないでしょうが、〝グッ〟とか〝ズリズリッ〟とか〝スーッ〟といった、摩擦音が思い浮かぶかもしれません。

また、体感覚として「圧力」が「広い範囲」にかかっていることも感じられると思います。動作の主体が自分だとしたら、自分の体感覚として実感できますし、他の何かが主体だとしたら、「圧力がかかっているはずだ」ということが分かるところでしょう。

まとめると、「押す」という動作の特徴として必要なのは、広い範囲で接していること。それから、「対象物の方向」に、「移動する」予感があること。移動しても、しなくても「押す」という言葉が使われますから、移動させようとして力を加えていることが欠かせない要素といえそうです。

〝移動する予感〟を言葉で説明するのは難しいですが、画像として見たら分かりますよね。そこが重要です。五感の情報として区別できていることでも、言葉で説明するのは難しいことは良くあるものなのです。

だからこそ、自分や相手が、その言葉の中身をどのように捉えているかを共有するために、サブモダリティを使うわけです。言葉にできなくても、映像や音声、体の感じを通して、理解に近づけようということなのです。

さて、「押す」に関しては、よろしいでしょうか。次は「突く」です。

「突く」の場合も、対象物の方向に力が加わっていく動きがあります。〝何か〟が、対象物の方

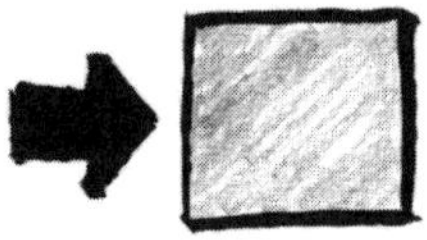

図８：力の方向のイメージ

図９：サブモダリティで表した「押す」と「突く」

向へ移動していくイメージです。ですが良く見ると、この部分に「押す」と大きな違いがありますね。

「押す」は、広い範囲で接していることが条件でした。一方、「突く」の場合は、狭い範囲で接しているはずです。何かの棒のような細いものが、対象物と一点で触れる映像が浮かぶと思います（図９）。

対象物と接している面積の違いが、「押す」と「突く」を区別する重要なサブモダリティといえそうです。

それから、『動作』が始まるタイミングも違います。「押す」は、対象物と接してからの動作です。「手でドアを押す」といった場合、手がドアに触れる前は、まだ「ドアを押している」と言わないでしょう。

一方、「突く」は、対象物に触れる前から

の動作です。少し離れたところから、対象物に向かって進んでいく動きが「突く」じゃないでしょうか。

整理すると、「細長いものが対象物に向かって進んでいって、細い先端で触れて、そのまま対象物に力を加える」……という動作です。最終的には、力を加えた後で、対象物から離れていくイメージだと思います。

以上が視覚の内容ですから、聴覚や体感覚もチェックしてみます。

音声としては、〝ツン〟とか〝トン〟といった擬音語が思い浮かびそうです。

体感覚としては「圧力」が分かるはずですが、その範囲が狭いのが特徴ですね。

どちらにも、対象物と接する面積の小ささが関係しているといえます。

いかがでしょう。「押す」と「突く」。違いが見えてきましたね。全体として漠然としたイメージで思い浮かべて、それぞれの『動作』になくてはならない内容をサブモダリティで表現してみたわけです。

このような作業をしてみると、「押す」、「突く」という動作が、どのように似ているかがハッキリしてきたと思います。当然、それぞれを区別するためのサブモダリティもハッキリしたことでしょう。

繰り返しになりますが、私から言葉で説明しているのは、あくまで補足です。あなた自身の頭の中で思い浮かんだイメージのほうが重要です。これまでに経験してきた「押す」という**動作を振り返って、そこに欠かせない部分・要素を探してもらいたい**のです。それが映像と音声と体の感じを組み合わせたものとして思い浮かべば、上手く言葉にできなくても大丈夫です。

逆にいえば、こうした説明の仕方が大変だからこそ、「押す」、「突く」など、動作を表す言葉を使い分けることで、楽ができているわけです。それができるのも、その動作に欠かせない五感の情報を私たちが共有しているからです。凄いことだと私は思います。誰も、今やってきたような説明の仕方で、言葉を覚えていないはずです。

「いい？　こうやって広い範囲で接してから、その〝もの〟のほうに向かって力を加えていく動作を『押す』っていうのよ。狭い範囲で接する場合は、『突く』っていうの」

……子供の頃から、そんな教え方をされたことは滅多にないでしょう。

動作の見た目としての特徴、音声の特徴、体の感じの特徴を、経験からパターンとして学び、そのパターンに対応する呼び名を覚えてきたはずです。そういう地道な作業で経験的に身につけた呼び名を使って、私たちは会話をしているのです。

そう考えると、言葉での説明に誤解があっても、むしろ当然な気さえします。ですが、それでも『物』や『動作』は、まだ誤解が少ない部類なのです。具体的に実感しやすい内容ですから、たくさんの人が、同じ『物』、同じ『動作』を、同じ呼び名で呼んでいるのを経験できます。見たり、聞いたりした経験を、言葉と対応させやすいのです。

ところが、言語には、実際に見たり聞いたりできない言葉もありますね。「知識」とか「学び」とか、「充実」、「豊かさ」、「確実」、「信頼」、「寛容」、「愛」、「自由」……。

これらは『物』のように手で触れません。『動作』のように、物が動いたり、変化したりする場面を見ることもできません。

それでも私たちは、そうした言葉を理解できます。理由は、これまでと同じです。「知識」や「成長」といった言葉でさえ、サブモダリティの組み合わせで捉えているからです。

このように抽象的な、つまりチャンクの大きな言葉であっても、見た目、音声、体の感じの詳細な違いを使って区別しているのです。次は、そこを見ていきましょう。これが分かると、相手が大事にしていることまで、見えてきてしまいます。

■言語をサブモダリティに対応させる③「プロセス」

ここまでは『物』と『動作』を見てきました。この二つだけでも文章が作れそうですね。細かく言うと、日本語の場合には助詞を使って文章の構造を決めていきますから、助詞をサブモダリティで説明する必要もあるかもしれません。ですが、そこまで詳しくするのは本書の目的を越えてしまいます。興味がある人は、「犬は……」と「犬が……」、「犬に……」、「犬と……」

などが、どういうサブモダリティで区別できそうかを調べてみてください。

ここでは助詞の説明は省略させてもらうとして、『物』と『動作』でシンプルな文章を書いてみます。

「犬が箱を押す」

いかがですか。イメージが浮かびますよね。漠然とした、曖昧なイメージとして。

これだけでも充分に会話はできますが、私たちはもっと複雑な意味を伝え合っています。

ここで注目したいのは、『**プロセス**』です。『どのように』ということを、プロセスといいます。動作を修飾する言葉になることが多いものですね。状態とか性質を説明するものといっても良いでしょう。「犬が箱を〝一生懸命に〟押す」、「犬が箱を〝余裕で〟押す」、「犬が箱を〝素早く〟押す」などです。

「名詞の形にしたときに、手で触れないもの」といったら分かりやすいかもしれません。「一生懸命」、「余裕」、「素早さ」、「優しさ」、「信頼」という形です。先ほど挙げた「知識」や、「学び」、「充実」、「豊かさ」、「確実」、「寛容」、「愛」、「自由」もそうです。パターンは掴めますね。状態や性質という感じが掴めれば充分です。

ちなみに、このように名詞の形にしたものを『**価値観**』と言います。人が価値を見出す対象になっているということです。そして、このような名詞を、動詞や副詞、形容詞などの形に変えて使うと、プロセスを表現することができる。そういう関係です。「確実」という価値観は、「確実な」、「確実に」というプロセスになる。「信頼」という価値観は、「信頼する」、「信頼して」というプロセスになる。少しややこしいかもしれませんが、価値観とプロセスが対応していると覚えていただいても結構です。

むしろ、ここで目的としたいのは、価値観の中身を把握するほうです。ですから、作業としては**価値観のサブモダリティ**を調べていると思ってもらって構いません。その後の段階として、価値観が形を変えて、プロセスとして文章に現れてくることを思い出してください。

では、実際にやってみた方が理解しやすいので、プロセス（価値観）の中身を詳しく見ていくことにしましょう。目標は、**五感の情報**として表現することです。

一般的には、信頼や自由が、どんな映像になるかなんて考えたことがないでしょうから、慣れない作業になると思います。少し段階を分けて、順番に作業を進めていきましょう。

ここでは、あえて見た目の情報に絞って調べていきます。愛や勇気を体感覚で実感すると思う人もいるかもしれませんが、ちょっと考えてみてください。

他の人を見て、「あの人は愛があるなぁ」とか「この人は勇気ある人だ」といった判断ができますね。

そのときに、体の感じに違いが出ることは良くあります。ですが、それは「愛がある人を見たときに起きる反応」です。それは「愛」そのものの体感覚ではありません。他の人を見て、「愛」だと判断できる。ということは、そこに**「愛」かどうかを判断できる基準**があるのです。それを調べるのが目的ですから、体感覚から注意を外せるように、視覚情報に絞って調べることにしましょう。

まず流れですが、

1. 調べたい価値観を（プロセスとして）含んだ文章を三つ作る
2. 一つの文章を忠実に映像としてイメージする
3. サブモダリティを調べる
4. 他の二つの文章でもサブモダリティを調べて共通点を探す
5. サブモダリティを変えてチェックする

……という手順です。

一段階ずつ、例を使って説明していきます。

1. 調べたい価値観を含んだ文章を三つ作る

ここでは「優しさ」の中身を調べてみることにしましょう。「優しさ」は、見た目の情報として、どのように特徴づけられるでしょうか。

最初の手順は、「優しさ」を変形した言葉を含んだ文章を三つ作ることです。短い文章で、しかも分かりやすい動作が入っていると良いでしょう。

たとえば、「母親が赤ちゃんを〝優しく〟抱いている」、「親犬が仔犬を〝優しく〟見ている」、「男子高校生が、おばあさんに〝優しく〟話しかけている」としましょう。猫派の人は、「犬」のところを「猫」に変えても構いません。

いいですね。短い文章になっていて、動作が入っています。

最初のうちは、「田中さんは優しい」のような文章はお勧めしません。原理的には作業を進められますが、単純に「田中さん」を思い描いてしまう場合があるからです。「優しい人といえば田中さん」から考え始めて、「田中さん」を思い浮かべてしまうと、「優しさ」以外の要素も含まれてしまいます。「田中さん」として描いたイメージには、田中さんに関するすべての情報が含まれていますから。

一方、田中さんが〝優しく〟何かをしている場面を思い浮かべると、「優しさ」が動作に限定されてきます。注目するところが分かりやすくなるはずです。動作を入れることをお勧めしているのは、このためです。

いいでしょうか。三つの文章ですね。

では次の段階です。

2．一つの文章を忠実に映像としてイメージする

「母親が赤ちゃんを〝優しく〟抱いている」から始めます。これを忠実に映像にしてください。いいですか。忠実に、です。もし思い浮かべた映像に、公園やリビングルームのような背景があったら、忠実ではありません。その場合は「公園で、母親が赤ちゃんを優しく抱いている」という日本語に対応してしまいます。

漠然とした映像で構いません。母親らしき姿の人が、赤ちゃんを腕に乗せて支えている映像です。

3．サブモダリティを調べる

その映像が作れたら、〝優しさ〟に特徴的なサブモダリティを調べていきます。

当然ですが、「母親」、「赤ちゃん」、「抱いている」は、もう明確になっています。ですから、

それ以外のサブモダリティを注目するわけです。
「明るさ」、「色合い」、「ピント」、「立体感」、「視野の中心」、「ズームインしてしまう場所」、「光の当たり方」、「光の発し方、光の反射の仕方」などです。

思い浮かべた絵の中に注目してください。できるだけ細かく眺めていきます。全体が明るいか、暗いかというのは大雑把すぎます。

どの部分が特に明るいとか、この部分だけハッキリ見えるとか、何かしらの〝雰囲気〟を感じさせる部分が重要です。何かが強調されているはずです。

マンガ好きな人は、人物の周りに描きこまれる光と影、効果線を思い出してもらうといいでしょう。絵画の好きな人は、レンブラントやフェルメールの光や、ルノワールの淡い色調とコントラストの弱さなどを思い出してください。何かしらの意味を感じさせるサブモダリティがあると思います。

私が調べてきた結果、光を使って意味づけをする傾向は強いものです。それから、重要な部分にばかり目がいく傾向もあります。つまり、重要な部分ばかりがハッキリ見えて、あとはボヤけている感じです。

映像の中にある〝雰囲気〟や、強調されている部分が、価値観を表しているサブモダリティを含んでいる可能性が高いといえます。

「母親が赤ちゃんを“優しく”抱いている」

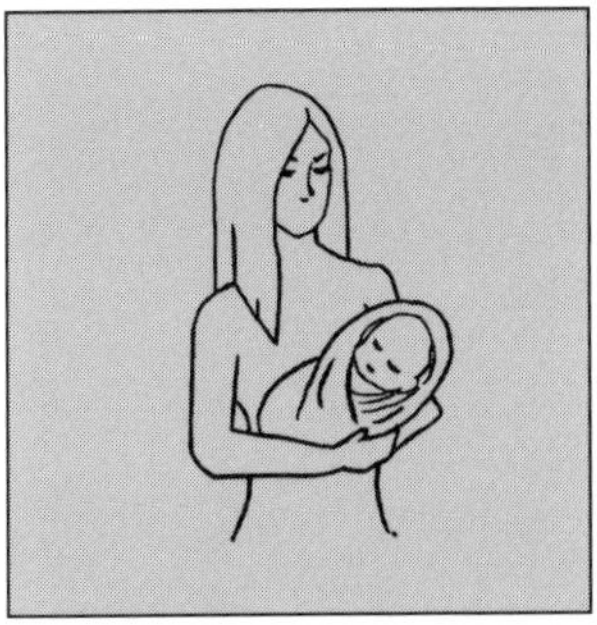

「母親が赤ちゃんを抱いている」

図 10：価値観をサブモダリティで表現する【ステップ③】
２つのイメージを比べて、どこに“優しさ”が表れているかを調べる

たとえば、「母親が赤ちゃんを〝優しく〟抱いている」を私が思い浮かべると、母親の顔から赤ちゃんを抱いた腕のあたりまでが、明るく強調されたイメージになります。映像自体はもう少し範囲が広く、母親の腰ぐらいまで含まれていますが、その部分だけが明るく際立っています。白くて細かい粒が集まったような光が覆っていて、ボンヤリと明るくなっている感じです。

視野の中心は、母親の腕の部分で、腕だけにピントが合っています。腕が白く、うっすらと輝いているようです。柔らかそうな質感も見てとれます。

特に、腕で赤ちゃんを丸く抱えこんでいる姿の、丸さが際立っています。

……こんなところですね。読みながらイメージできましたでしょうか。これが私にとっての「母親が赤ちゃんを〝優しく〟抱いている」です。

強調されているサブモダリティが分かりにくい場合には、一度「母親が赤ちゃんを抱いている」という文章をイメージしてみると良いでしょう。〝優しく〟ではない文章と比較するわけです。おそらく、もっと平坦で、全体に均一なイメージになるはずです。

その二つの映像の違いを比べれば、〝優しく〟の部分が分かるでしょう（図10）。

4. 他の二つの文章でもサブモダリティを調べて共通点を探す

そこまでできたら、残りの二つの文章でも同様にサブモダリティを調べます。

「親犬が仔犬を〝優しく〟見ている」ですね。

私の場合、この映像でも、仔犬を見ている親犬の目の周りが特に明るくなっています。目の位置がうっすらと輝いている感じです。

また親犬の顔の位置から、仔犬の体の範囲ギリギリまでが、白く細かい光の粒に覆われているようです。

それから、親犬が仔犬のほうに首を曲げるようにして顔を向けていますが、その首の角度の丸さが際立っています。

「男子高校生が、おばあさんに〝優しく〟話しかけている」も似ています。

おばあさんと男子高校生の両方を、白く細かい光の粒が覆っています。

高校生の胸から口にかけてが、うっすら白く輝いていて、そこにピントが合っている感じです。

「男子高校生が、おばあさんに“優しく”話しかけている」

「母親が赤ちゃんを“優しく”抱いている」

「親犬が仔犬を“優しく”見ている」

図11：価値観をサブモダリティで表現する【ステップ④】

３つの文章に対応するイメージを比較して、共通する要素の中から“優しさ”に対応するサブモダリティを特定する

（例）・動作の主体の体の一部が丸く強調されている
・動作に関係する部分にピントが合っている
・動作に関係する部分が、うっすら白く輝いている

また、男子高校生の肩と背中の角度が、丸くなっています。

ということで、共通点が見えてきました。動作の主体（主語）と対象（目的語）、つまり二人の登場人物を、白く細かい粒の光がボンヤリ明るく覆っていること。

動作の主体の体の一部が丸くなっていること。

動作に関係する部分にピントが合って、うっすら白く輝いていること。

これが三つに共通しています（図11）。

ぜひ、ご自分でもやっていただきたいと思いますが、やってみると、重要なサブモダリティが途中から分かってくるようになります。自分のことですし、普段からその特徴を使って「優しい」かどうかの判断をしているわけですから。

5. サブモダリティを変えてチェックする

最後に、念のため、見つかった特徴を一つずつ変えてみます。それで、「優しい」感じがなくなるかどうか、というチェック法です。

私の場合、登場人物を覆っている白く細かい光の粒をなくしてしまうと、すごく寂しい感じになります。ドライな感じです。動作としては優しさを保っていますが、上辺だけの感じになります。体の一部が丸くなっているのを変えて、直線的にすると、途端に「優しさ」がなくなります。ここがキーポイントのようです。丸いものに「優しさ」を感じる傾向があるのでしょう。

それから、動作に関する部分にピントが合って、うっすら白く輝いている。これをなくすと動作が強調されなくなります。文章にするなら、「優しい母親が赤ちゃんを抱いている」の感じです。「優しく抱いている」なら、動作に関する部分にピントが合って、白く輝いている必要がありそうです。

どうやら、白い光に心の優しさが反映されていて、丸みにハッキリ見て取れる優しさが表現されているようです。

作業の流れを整理すると、調べたい価値観を含んだ文章を三つ作って、それぞれのサブモダリティを調べて、共通点を探す、ということになります。

映像を思い浮かべたときに見つけられる、『物』や『動作』以外のサブモダリティがポイントです。そのサブモダリティが『物』や『動作』を強調しているのです。「どのように」という意味を追加しているわけです。それが価値観を表しているサブモダリティです。

それでは、言語をサブモダリティと対応させる基本の話は、ここまでとしましょう。

『物』、『動作』、『プロセス』（価値観）について考えてきました。これだけで、「何が、何を、どのように、何する」という文章が作れます。その文章をサブモダリティに対応させられるわけです。この対応があるからこそ、言葉を聞いたときに内容を理解することができます。言葉を聞いたときには、サブモダリティが組み合わさったイメージを仮想的に体験しているのです。体験によってプログラムが作られるのと同じように、言葉によっても仮想的な体験によってプログラムが作られる。それを利用してプログラムを変えることもできる。そういう仕組みです。

さらに、言語とサブモダリティの対応を理解しておくことには、もっと実用的なメリットもあります。たとえば、相手の価値観をサブモダリティとして把握できていれば、コミュニケーションに応用することもできます。相手が「丸み」というサブモダリティに「優しさ」を対応させていたとしましょう。その相手と良い関係を築きたいので、優しさをアピールしたい、と。そうであれば、その相手と接するときには少し腰をかがめたり、肩のラインを丸めたり、動作も曲線的にしたりすることで、「優しそう」な雰囲気を感じ取ってもらうこともできます。それには相手の価値観を把握しておく必要がありますから、そのための具体的な方法は第7章で紹介します。

特に言語とサブモダリティの対応が重要になるのは、相手のプログラムの中身を把握するときです。

NLPにはプログラムを変える手法が数多くあります。それらの手法を効果的に使うために、把握しておきたい情報があるのです。それがプログラムの中身、つまり第2章で説明したプログラムの基本単位です。サブモダリティで作られるフレームがあって、それにアンカーされた反応が繋がっている。第6章で紹介するのは、このフレームやアンカーを変える技術です。それによってプログラムを変えるわけです。

そのためにはプログラムの基本単位を、サブモダリティとして知っておく必要があります。ですが、問題のプログラムを選ぶ出発点の段階では「○○できない」という〝言葉〟になっています。この〝言葉〟から始めて、プログラムの基本単位まで辿り着きたいのです。つまり、言葉の内容を少しずつサブモダリティに置き換えていって、最終的にプログラムの基本単位をイメージできるようにしたいということです。

「何が、何を、どのように、何する」という文章は、『物』、『動作』、『プロセス』（価値観）で作られています。それぞれが映像や音声、体の感じの詳しい情報（サブモダリティ）に対応していることを説明しました。それらを組み合わせるとイメージを描けます。

ということは、相手の話を聞いたとき、その話の内容をイメージに変換できるわけです。相手の話を、まるで映画を見るように聞く。相手の「○○できない」という文章をイメージして、さらに質問することでイメージを追加していくのです。そうして相手のプログラムの中身をイメージできるようにします。そのための質問の方法が、この先のテーマです。

ここまで言葉をサブモダリティに対応させる練習をしてきましたから、これから紹介する質問の意図もイメージしやすいと思います。

効果的な質問法という言葉の技術の説明ですが、是非、積極的にイメージを思い浮かべながら理解してみてください。

第5章

言語とNLP……2
――質問でプログラムを理解する

■相手のプログラムを理解するための質問：メタモデル

これから、質問によってプログラムの中身を把握する方法を解説しますから、念のため、プログラムの構造について復習しておきましょう。

プログラムの基本単位は『因果』でしたね。「～すると……になる」という形です。ここには、『アンカー』と『フレーム』が含まれています。

アンカーとは、記憶の結びつきです。何かを体験したときに、結びついていた（アンカーされていた）記憶（並びに反応）が自然と引き出されます。ですから、プログラムが自動的に作動してしまう印象を受けるのです。

また、フレームとは、物事を認識するときの基準になるものです。「こういう見た目で、こういう音声で、こういう体の感じだと、○○と捉える」。これは、第4章でやってきたことと同じですね。つまり、言葉はあるフレーム（典型的なイメージ）につけた呼び名だともいえます。

言葉には、文字として表現される部分も、呼び名として音で表現される部分も、意味の部分も含まれています。「箱」であれば、〝箱〟という漢字によって、文字として表せます。〝ハ・コ〟という音でも表せます。それに「箱」の持つ意味が対応しているわけです。

辞書を引けば「箱」の定義を言葉で説明してくれますが、それをＮＬＰでは五感の情報（サブモダリティ）を使って説明します。見た目と音声、体の感じで特徴を説明する。その特徴が判断の基準になりますから、「箱」の特徴に当てはまるものと出会ったときには一瞬のうちに、「箱だ」と捉えられるわけですね。

角度を変えていうと、いかにも箱っぽいイメージが記憶されていて、そのイメージと似ているかどうかで、箱かどうかを判断している、ということです。「箱」特有のサブモダリティの組み合わせに当てはまるかどうかで、「箱」かどうかを判断するのです。その判断の基準を『フレーム』と呼んでいます。

「箱」の意味を、他の言葉を組み合わせて説明したものが〝定義〟と呼ばれるのと同じように、「箱」の意味を、サブモダリティの組み合わせで説明したものが〝フレーム〟と呼ばれる。そう捉えていただいてもいいでしょう。

まとめましょう。プログラムの基本単位は「～すると、……になる」という因果の形で、ここにアンカーがあります。プログラムの基本単位を把握したいのですから、因果の形の言葉で表現されるということです。プログラムの基本単位を把握したいのですから、因果の形に整えることが一つの目標になります。また、「～すると」の中には、「～する」と捉えるためにフレームが使われています。「～する」に対応した見た目、音声、体の感じがあるはずです。それも把握する必要があります。

言葉を使って因果の形からアンカーを把握する。言葉の中身を詳しく調べることでフレームを把握する。これでプログラムの基本単位の中身を理解することができます。

基本単位が分かれば、フレームを変えたり、アンカーを変えたりすることで、プログラムを変えられるようになります。それが本書のメインテーマです。これから、その流れを説明します。

プログラムの基本単位を把握する作業を段階的に進めながら、そのために役立つ質問を紹介していきます。順を追って、頭の中でイメージしてみてください。特に**質問は、自分に対して問いかけてみること**をお勧めします。質問の効果を自分でも実感できますし、質問のフレーズも記憶に残りやすくなるでしょうから。

なお、紹介する質問の大部分は、ＮＬＰで『**メタモデル**』と呼ばれる質問のパターンです。メタモデルに関しては、後ほど、プログラムを変える手法としても紹介しますが、ここでは相手や自分のプログラムを理解するために使える質問をピックアップして説明していきます。

ここでまた、第1章の内容を少し思い出してください。

プログラムを考えていくときには、「できない」から始めるとやりやすいということでした。目標に向かって取り組むにせよ、問題を解決したいにせよ、「できない」ところを「できる」ようにすることが求められます。ですから、「できない」ことを題材に考えていきましょう。できなくて困っていること。できないけど、できるようになりたいこと。そういうものをテーマとして扱います。

ただし第1章でも説明しましたが、「できない」には三種類あります。

1．知らないから、できない。

2．上手くないから、できない。

3．分かっているのに、なぜかできない。

この中でプログラムが問題を生み出しているのは、「3．分かっているのに、なぜかできない」です。これを扱っていきましょう。

つまり、できなくて困っていること、できるようになりたいことを考えてもらって、その中から「分かっているのに、なぜかできない」ものを探すということです。

それが特定できたら、**「～できない」の形**にしてください。言葉だけを使って考えれば大丈夫です。

日常生活でも、わりとよく耳にするのではないでしょうか。「～できないんです」、「～はできません」と。もし、その相手のプログラムを把握したいのであれば、これから紹介する方法を使ってみても良いでしょう。

ただし。あくまで、自分自身が本当に相手のプログラムを把握したいかどうかは、ご自分で吟味してください。自分のプログラムに対して、この作業をすれば、自分でプログラムの中身を理解することができます。同じように、相手のプログラムに対してこの作業をすれば、相手だってプログラムの中身を理解することになるわけです。それを相手が望んでいるかどうかに関わらず。自覚しないほうが良い場合だってあるでしょう。相手と場面を良く考えてから、使ってみてください。

最初の段階としては、自分自身の「できない」を題材にすることをお勧めします。

ということで、「～できない」の形の文章を使って、プログラムの基本単位を明確にする流れを説明します。例として、

「上司に言いたいことを言えないんです」

について考えていきましょう。「言えない」の部分が、「できない」にあたります。

ただし、日常会話では「できない」の形で問題が話されるとは限りませんね。たとえば、「上司が苦手なんです」とか「上司と上手くいきません」といった表現になることもあるでしょう。その場合には、「上司が苦手とのことですが、その中で、何が〝できない〟ことが一番の問題ですか？」と聞くと効果的です。すると「上司に言いたいことを言えない、ということが問題です」のような答えが返ってきます。この質問によって、「できない」の形に整えられるわけです。もし、そのような答えが返ってこないなら、まだ整理ができていないということです。そのときは、また別の技術が求められますが、そこを説明すると本書の目的から外れますので、別の機会に譲るとしましょう。

ですから、「分かっていても、できない」ことが何なのか、絞り込まれていることを前提として進めさせてもらいます。

少し話がそれましたが、話を戻します。「上司に言いたいことを言えないんです」を題材にします。これに、いくつかの質問を問いかけて、プログラムの基本単位を把握していきます。よろしいでしょうか。

1. 状況を把握する質問

まずは、状況を把握します。第1章で、プログラムは状況に依存する、と説明しました。唐突に、何の脈絡もなくプログラムが作動することはない、ということです。プログラムが作動するための条件があるわけです。その条件となるのが状況です。

この〝状況〟という言葉が、かなり多くの意味を含んでいるので、ここでは分かりやすく二つのことだけに絞って解説します。

一つは、**直接的にプログラムを作動させるキッカケ**になるもの。

もう一つは、**プログラムが作動する条件を限定する**ものです。

例を挙げて説明します。

直接的にプログラムを作動させるキッカケとは、「犬を見ると、恐怖の反応が起こる」プログラムにおいて、「犬を見ると」の部分にあたります。一言で〝犬恐怖症〟なんて呼ぶ場合もありますが、犬恐怖症は二四時間ずっと働いているわけではありません。「犬を見る」という状況で、初めてプログラムが作動するわけです。これが、直接的にプログラムを作動させるキッカケです。

もう一つの、プログラムが作動する条件を限定するものとは、言い換えると『場面』のことです。「いつ、どこで」に相当します。

たとえば、「お客様と話すと、緊張する」というプログラムがあるとします。お客様の会社に行って、そこで話をしようとすると緊張する。ところが、自分の会社に来てもらって、いつもの応接室で話をするときには緊張しない。

直接のキッカケになるのは、「お客様と話すと」の部分ですね。ですが、場面が違うとプログラムが作動したり、しなかったりするわけです。お客様の会社ではプログラムが作動するのに、自分の会社では作動しない。

他にも、外出先で奥さんから話しかけられると集中して話を聞けるのに、自宅で奥さんから話しかけられると気持ちが乗らないという例もあります。直接のキッカケは「奥さんから話しかけられると」ですが、場面が「外出先で」と「自宅で」とで違っています。

このように**場面の違いがプログラムに影響する**ことがあるのです。

直接的にプログラムを作動させるキッカケと、プログラムが作動する場面と、両方が重要だということです。どちらも〝状況〟として説明されてしまいますが、この二つを意識できると便利です。なぜかというと、話を聞きながらイメージとして把握できるからです。

「犬を見ると、恐怖の反応が起こる」プログラムは、場面とは無関係です。いつ、どこであっても、犬を目にすれば無条件で作動します。この場合、イメージとしては映像の中に背景をつけなければ良いのです。街中とか、家の庭とか、具体的な場面を背景にしない。ただ犬の姿だけをイメージする。こうすると場面とは無関係に「犬を見ると」という状況を描けます。

一方、「お客様と話すと緊張する」プログラムであれば、お客様が目の前にいて話しかけてくる様子をイメージして、それに背景をつければ良いのです。その背景を「お客様の会社で」という場面にするわけです。言葉として正確に表現するなら、「お客様の会社で、お客様と話すと」

という状況になります。

場面に関係がないなら**背景をつけない**。

場面が限定されるプログラムなら**背景をつける**。

この使い分けです。

ですが一般的には、場面が限定されているプログラムのほうが多いものです。プログラムを把握するときの原則としては、場面が限定されるように背景をつけるつもりでいてください。

これを踏まえて、質問の仕方に移っていきます。

題材となっている「上司に言いたいことを言えないんです」を掘り下げていきましょう。

①場面を把握する質問：「どんな場面でですか？」

最初は原則として場面を把握しましょう。

「どんな場面でですか？」

と聞きます。

すると仮に、

「仕事の報告をするために上司のデスクの前に行って話をするときです」

と答えが返ってきたとします。

上司の周りに、ボンヤリと背景がイメージできますね。具体的になっていないうちは、ボンヤリとさせておくのがコツです。上司の姿も、当然ボンヤリさせておきます。他に場面を特定する情報として必要なものがないか聞いてみてもいいでしょう。**相手がイメージとしては浮かべているのに、言葉にしていないもの**を質問で聞き出すわけです。

このような質問をメタモデルでは『**単純削除**』と分類しています。「もう少し詳しく教えてください」、「他には誰かいますか？　何がありますか？」などと質問するのが一般的でしょう。プログラムを把握する目的に限定すれば、「その場面だということが分かるには、最低限、何が見えて、何が聞こえている必要がありますか？」と聞いてしまうのがシンプルです。自分自身のプログラムを調べるときには、この質問を自分に問いかけると効果的です。

このようにして、場面を背景としてボンヤリしたイメージで把握していくのです。そして場面が分かったら、言葉の中身を詳しく聞いていきます。

②物を明確化する質問：「具体的に〇〇とは、どういうことですか？」

〝上司〟という言葉が曖昧ですね。一人の人物のことを言っているのか、上司であれば全員なの

か分かりません。ですから、

「具体的に〝上司〟というのは、どういうことですか？」

と聞きます。すると

「いえ、特定の誰ということはないんですが、厳しい上司だと、もうダメですね」

と返ってきたとしましょう。あるいは、「今の直属の上司のことです」と具体的な人物を聞き出せるかもしれません。

このように、『物』が曖昧なときに具体的な情報を得ようとする質問を、メタモデルでは『**不特定名詞**』と呼びます。

また、「具体的に〝上司のデスクの前〟というのは、どういうことですか？」と聞いても良いでしょう。「歩いて近寄っていって、何メートル手前ぐらいからですか？」などと明確にする方法もあります。

直接のキッカケとなる〝上司〟についても、場面となる〝仕事の報告をするために上司のデスクの前に行って話をするとき〟についても、具体的になるように質問をしていくわけです。

ボンヤリしたイメージだったものを、ハッキリさせていく作業ですね。

③トリガーを把握する質問：「何があると、……になりますか？」

場面が特定できたら、次は〝プログラムを作動させるキッカケ〟（＝トリガー）を特定します。これが最も重要な段階です。プログラムの基本構造「〜すると、……になる」のうち、「〜すると」を調べる作業といえます。

ここのコツは、一秒を三〇分割するぐらいのつもりで、一瞬をスライドのように把握していくことです。そしてスライドを並べて、映画のフィルムのようなものをイメージします。これがポイントです（実際の映画は一秒二四コマが主流だそうです）。

プログラムの基本単位となるアンカーは、まさにこの映画のフィルム二コマ分のようなものです。一瞬で次のコマに繋がりますが、一コマずつをスライドのように見ると、二つのスライドに描かれているそれぞれの映像と音声は別の物なのです。

ですから、「〜する」で一枚のスライド。「……になる」で次のスライド。この二枚が映画のフィルムのように隣り合って並んでいる状態が「（〜する）と」なのです。接続詞の「すると」が、このように二枚のスライドを映画のフィルムのように繋げる作用に対応しているわけです。

プログラムの基本単位は、映画のフィルムの連続した二コマ分。そんなつもりで作業をすると、プログラムの把握がやりやすくなります。

ということで、この段階では「……できない」が一つのスライドのようにイメージできていますから、そこから質問して、一つ前のコマを調べます。そのときに使う質問が「何があると、……になりますか？」です。

この題材では「上司に言いたいことを言えない」でしたから、

「何があると、上司に言いたいことを言えなくなりますか？」

と質問します。

この質問のパターンはメタモデルではありませんが、ＮＬＰで『**先行する原因**』と呼ばれる言語パターンです。また、もっと直接的に「何を見たり聞いたりすることがキッカケになって、上司に言いたいことが言えなくなりますか？」と質問しても良いでしょう。

すると、

「上司の顔を見て、声を聞くときですね」

といった答えが返ってくるはずです。

このときに、映画のフィルムを作るようなつもりで、イメージを並べていきましょう。頭の中で、これまで聞いた内容をコマ送りでイメージしながら確認をします。

この題材だと、「仕事の報告をするために上司のデスクの前に歩いていって……、話を始めて……、上司の顔を見ている間に、上司の声が聞こえる。声が聞こえた、この瞬間か」という作業をコマ送りのイメージにするわけです。上司の顔が見えて、声が聞こえた瞬間の一コマを覚えておきます。これが「言いたいことが言えない」のコマの、一つ前のコマだと分かりました。

トリガーのコマが特定できたということです。

2. フレームを把握する質問

題材としている「できない」に対して、ここまで分かっているのは、

「仕事の報告をするために上司のデスクの前に行って話をするときに（場面）、厳しい上司の顔を見て、声を聞くと（トリガー）、言いたいことが言えない」

という情報です。

映画のフィルムの二コマ分が、ボンヤリとイメージできていれば大丈夫です。

次のステップでは、トリガーをもっと明確にしていきます（なお、このステップは、強い恐怖症のように激しい反応を伴うものに対しては使わないでください。質問によって反応が蘇ってしまうことがあります）。


ほとんどの場合、プログラムが動き始めるキッカケには、何らかの**〝主観的な〟意味づけ**が加わっています。これは第2章で、フレームが歪んでいるという言い方で説明したものです。ある

部分だけを強調することで、その人にとっての特別な意味を追加しているのです。

もちろん意味づけ自体は、体験していることすべてに対してなされています。見たり聞いたりした瞬間に、フレームに当てはめて、意味を判断しているからです。

ですが、問題にならないものは、その意味づけがニュートラルなのです。箱やテーブルは、大半の人にとってニュートラルなものだと思います。箱は箱です。テーブルはテーブルです。ですが、そのテーブルに特別な意味が加わると、反応の仕方も変わってきます。「思い出のつまったテーブルが捨てられない」という具合です。

このように**問題のプログラムの場合、何らかの意味が追加されている傾向がある**のです。虫の嫌いな人は、〝虫が飛びかかってきそう〟とか。人前で緊張する人は、〝大勢の人に見られている〟とか。高いところが恐い人は、〝吸い込まれそう〟とか〝落ちそう〟とか。そういう意味を追加しているわけです。

まったく同じものを見ても、そのような意味づけを追加しない人は大勢いるのに、です。これが**フレームの歪み**として追加されています。一部のサブモダリティを強調するようなフレームが追加されているのです。

より正確な説明をすると、同時に二つのフレームが重なって使われているともいえます。

思い出がつまった・テーブル、飛びかかってきそうな・虫、自分を見つめている・大勢の人、吸い込まれそうな・高い場所……。言葉に対応させると、修飾語がついていることになります。

先ほど、『プロセス』（価値観）として解説したものですね。

問題のプログラムを把握するときには、このように追加されている意味づけに注目するのが大切です。その意味づけに使われているフレーム（どのサブモダリティに注目するか）が、問題のプログラムを作動させるのです。

では、先ほどの題材の続きを使って、問題のプログラムに使われているフレームを聞き出す質問を説明します。

④プロセスを明確化する質問：「○○だということが、どのようにして分かりますか？」

「厳しい上司の顔を見て、声を聞くと、言いたいことが言えない」とのことでしたから、〝厳しい〟という意味づけが〝上司〟に追加されているのが分かります。これらを組み合わせた〝厳しい上司の顔と声〟が、問題のプログラムを作動させる直接のキッカケ（＝トリガー）になっていると考えられますね。

そこで、〝厳しい〟がイメージの中でどのように表現されているかを質問していきます。どこに注目して〝厳しい〟と判断しているか、ということを聞くわけです。

そのために効率的な質問が

「〝厳しい〟ということが、どのようにして分かりますか？」

です。

「どのようにして分かりますか？」はメタモデルで良く使われる形です。この場合のニュアンスとしては、「〝厳しい〟ということを、〝上司〟のどこから判断していますか？」ということです。もちろん、こちらで質問しても構いません。

すると、

「大柄なところと、ふんぞり返った姿勢と、……大きな声ですね」

と答えが返ってくる。人によっては「目つきです」とか「口元のこわばりです」などの答えもあり得るでしょう。とにかく、**ある部分に注目していることを把握する**のが重要です。

これだけ分かっていても充分ですが、〝厳しい〟という追加の意味づけをサブモダリティとして詳しく知っておくと、プログラムをより深く理解できます。そこで、

「今そのことを思い浮かべてみて、特に際立っているところや、実物よりも大袈裟に感じられるところはありますか？」

と聞きます。すると、

「上司は座っているはずなのに、少し見上げて見ているような感じに見えます。実際よりも大きいのかもしれません。それから、ふんぞり返ってアゴが上がっているんですが、下目づかいで見られているところにピントが合ってしまいます」

といった返答があるでしょう。

ここで心がけてもらいたいのは、**相手の話を聞きながら、自分も一緒にイメージする作業を続けること**です。

最初にイメージした状況よりも、ずっと中身がハッキリしてきていますね。ここまで問題のキッカケが明確になってくると、少し共感的な気持ちになっているかもしれません。

自分の目の前に、「大きな人がふんぞり返って座っていて、こちらを下目づかいで見ている」ところをイメージする。それを想像すると、なんとなく嫌な気持ちになりませんか。これで少しだけ、相手の理解につながったといえるのではないでしょうか。

人によっては、〝見下されている〟とか、〝威圧的だ〟とか感じることと思います。ですが、同じような意味づけを、この題材の人は〝厳しい〟という言葉で呼んでいるのです。とりあえずは、相手の呼び方を尊重しておきましょう。相手のプログラムですから。

その人は「体の大きな人がふんぞり返って、下目づかいでこちらを眺め、大きな声を出している」部分に注目していて、それを〝厳しい〟と呼んでいるだけなのです。あくまでも〝厳しい〟は呼び名にすぎなくて、五感の情報として注目している部分のほうが重要です。

さて、だいぶ明確になってきましたね。

「仕事の報告をするために上司のデスクの前に行って話をするときに（場面）、〝厳しい〟上司の顔を見て、その声を聞くと（直接のキッカケ＝トリガー）、言いたいことが言えない」。

そして、「〝厳しい〟上司」だということを、「体の大きな上司がふんぞり返って、下目づかいでこちらを眺めているのが見えて、大きな声を出しているのが聞こえる」ところから判断している（フレーム）。こういう話でした。

かなりイメージできていると思います。フレームも把握できました。映画のフィルムにおける続きの二コマのうち、一コマ目が詳しくイメージできる状態になったわけです。問題のプログラムを作動させる直接のキッカケ、つまりトリガーの中身が明確になったといえます。

ということで、『因果』の「因」を把握できました。「〜すると、……になる」の「〜すると」の部分は、これで充分です。次に、「……になる」を明確にしていきましょう。

それで「〜すると、……になる」の形になります。いよいよプログラムの基本単位が把握できるわけです。

３．因果を把握する質問

「できない」を出発点に質問をしてきて、プログラムを作動させるトリガーは把握できましたね。

ですが、まだ『因果』の「果」のほうは、「できない」の形をしています。「……になる」ではありません。

次は、この「できない」を明確にしましょう。

今回の題材だと「言いたいことが言えない」のままになっています。それでも良さそうに思う人もいるかもしれません。ところが、「できない」という状態は曖昧なのです。

「できない」なら、それをやらない代わりに何をしているのか？　ここを明確にする必要があります。

つい本当に言いたいこととは違う口応えをしてしまうのか。つい上司の意見に合わせて調子の良いことを言ってしまうのか。オドオドしてきて言葉が出にくくなるのか。それとも、下を向いたまま黙ってしまうのか。すべて、言いたいことが言えていません。

それでも、反応は別物です。ですから、「できない」とは具体的に、どういう状態なのかを知りたいのです。代わりに何をしているか、どういう状態になっているか、を質問します。

⑤因果を引き出す質問：「できないと、どうなりますか？」

メタモデルには**『可能性の叙法助動詞』**という項目があります。「～できない」という発言には、このパターンの質問をしましょう、というものです。その質問が、「できないと、どうなりますか？」です。

この題材に当てはめると、

「厳しい上司を見て、その声を聞くと、言いたいことが言えないのですね。言えないと、どうなりますか？」

となります。この質問によって、

「つい調子を合わせたまま、〝ハイ、ハイ……〟と話を聞き続けてしまいます」

といった答えが得られると期待されます。

もっと確実に、「できない」と呼んでいる状態の中身を知りたければ、このように聞いても良いでしょう。

「〝言いたいことが言えない〟というのは、どういう状態のことですか？〝言えない〟ときには、何が起きていて、何をしているのでしょうか？」

この質問のほうが、「できない」代わりに何をしているかを把握するのには、直接的かもしれません。

メタモデルの質問は、短い文章でできているのが特徴です。そのため覚えやすく、汎用性もあります。一つ覚えると、同じ質問を色々な場面で使えるわけです。そういう利点があります。

一方、ここで説明しているのは、明確な意図を持った質問です。質問によって把握したいことが決まっています。把握したい内容が決まっている場合には、聞きたい内容をストレートに聞いてしまう質問が役立ちます。

好みもあると思いますから、どちらが使いやすいかは試してみて判断してください。

⑥因果の間を埋める質問：「どのようにして、～が……の原因になりますか？」

ここまでで、「できない」代わりに何をしているのかを聞けました。これで「～すると、……になる」の形になりましたね。

題材の話では、「〝厳しい〟上司の顔を見て、その声を聞くと、調子を合わせたまま〝ハイ、ハイ……〟と聞き続ける」ということでした。

もう一度ここで、映画のフィルムを思い浮かべましょう。続きの二コマを把握できているでしょうか？　実は、NLPでは、もう一コマが間にあると考えます。

〝ハイ、ハイ……〟と聞き続けるのは『行動』ですね。その行動を自動的にしてしまうのだとしたら、その行動しかできなくなるような体の状態になっていると考えられます。行動を起こすための体感覚があるということです。

この場合であれば、〝ハイ、ハイ……〟と聞き続ける前に、**それしかできなくなってしまうような体の状態**になっている。その状態があるからこそ、〝ハイ、ハイ……〟しか言えなくなっているという発想です。

ですから、〝ハイ、ハイ……〟と聞く場面のコマより一つ前に、**「体の状態が変化する」**コマが挟まっているはずなのです。その体の状態を体感覚として聞いて、間のコマを埋めたいわけです。

そうすれば、そのコマが入ることによって前後の２コマがつながり、正確な「～すると、……になる」を把握できます。

このような因果の〝コマ飛び〟を埋めるための質問が、メタモデルに含まれています。そのまま、『因果』の項目に分類されている質問です。「どのようにして、～が……になりますか？」です。

題材の話題に当てはめると、

「〝厳しい〟上司の顔を見て、その声を聞くことが、どのようにして、〝ハイ、ハイ……〟と聞き続けることの原因になりますか？」

となります。

本来、「どのようにして」という疑問詞は、プロセスを聞くための単語です。仮に「風が吹けば、桶屋が儲かる」というのであれば、「どのようにして、風が吹いたら、桶屋が儲かるのですか？」と質問をすることになりますね。それに対する答えは「風が吹いたら、土ぼこりが上がる。土ぼこりが上がると、たくさんの人の目に入る。すると……（中略）……だから、桶屋が儲かる」までのプロセスの説明が適切です。因果に飛躍があるときに、その間をすべてプロセスとして説明してもらいたいから、「どのようにして」と聞くのです。英語では「Ｈｏｗ」を使うところです。

しかし、私の経験上、日本人でこのようなプロセスとして質問に答える人は、あまり多くないようです。むしろ、質問への答えにくさから、自分のプログラムを疑い始めることもあります。この効果を意図的に狙って、質問でプログラムを変えていく技術もＮＬＰにはあります。メタモデルで気づきを促す方法です。ですが、ここの目的は因果の飛躍を埋めて、続きの二コマを把握することです。

ですから、もっと直接的な言い回しも紹介しておきます。

「～があってから、……になるまでの間を細かく教えてもらえませんか？」

です。この題材であれば、

「〝厳しい〟上司の顔を見て、その声を聞いたら、〝ハイ、ハイ…〟と聞き続けることになるまで、その間を詳しく教えてください」

となります。そうすれば、

「上司の顔を見て、声を聞いたら、胸からノドにかけて締まった感じになって、上司の話し声が通り過ぎていくような感じになります。すると口が動きにくくなって、〝ハイ〟ぐらいしか言えなくなるんです」

のような答えが得られるはずです。

これで〝ハイ、ハイ……〟と聞き続ける前段階として、どんな体の状態になるかが分かりました。その体の感じも、漠然とイメージしましょう。相手がその状態になっている姿を一枚のスライドのようにしておきます。

これら六つの質問から得られた、いままでの情報のすべてをまとめます。

「〝厳しい〟上司の顔を見て、その声を聞くと、胸からノドにかけて締まった感じになって、上司の話し声が通り過ぎていく感じになる」

です。

「～すると、……になる」の形になっていますね。因果の形です。そして因果の間にも飛躍がありません。映画のフィルムのように思い浮かべると、続きの二コマとして、二つの映像がイメージできる。

場面は、「仕事の報告をするために上司のデスクの前に行って話をするとき」です。

そして、〝厳しい〟という価値観を、「体の大きな上司がふんぞり返って、下目づかいでこちらを眺めているのが見えて、大きな声を出しているのが聞こえる」ところから判断しています。

これでプログラムの基本単位が明確になりました。

繰り返しますが、できるだけイメージで捉えるようにしてください。プログラムを変える作業は、イメージを使うことが多いのです。


第6章では、実際に、ここで整理したプログラムを例として、プログラムを変える技術を紹介していきます。そのときに、この情報をすべて読んでいたら手間だと思いますから、少しシンプルな言い回しに変えさせてもらいます。以上の内容をすべて凝縮して、

「厳しい上司の顔を見ると、委縮する」

と書きます。この文章を見たら、今まで説明したようなイメージを思い出してください。

いかがでしょうか。やることが多くて大変に感じる人もいるかもしれません。特に、質問によって問題のプログラムを他人から聞き出したい人は、質問も覚えている必要があるでしょうから。

質問を覚えやすくする意味でも、まずは手順に沿って、自分の問題を整理してみてください。

自分が問題としている「できない」を題材に、プログラムを明確にしてみる。自分でやるのであれば、多くのことがスムーズになります。因果の飛躍も気づきやすいですし、質問の意図を考え

ながらプログラムを探れるはずです。

必要なのは、

１、場面を背景としてつける
２、トリガーを把握する
３、フレームを把握する
４、「できない」を「……になる」（体の反応）に置き換える
５、因果が続きの二コマになっているか確認する

です。最終的に、プログラムの基本単位である因果の形に整えることを心がければ大丈夫でしょう。

ＮＬＰで〝スキル〟と呼ばれる、プログラムを変える技術は、しっかりと手順が決まっています。誰がやっても効果が出るような工夫が込められているのが特徴です。

むしろ、効果が実感できるかどうかには、問題のプログラムが特定できているかどうかのほうが重要かもしれません。特に、トリガーを明確にするのは欠かせません。トリガーを明確にできているかが、プログラムを変えるときの成否を決めているといっても良いほどです。ですから、自分自身の問題に対して、ここで紹介した流れを何回か使ってみてもらいたいと思います。

自分のプログラムのトリガーに気づければ、それだけでも充分な価値があるはずです。プログラムが作動する瞬間が予想できるからです。そしてプログラムが作動した瞬間にも気づけます。そのときに一呼吸置いてみるだけでも、余裕が生まれるでしょう。自動的な感じが減るわけです。そうしたら、あとは、そのときの気持ちで「どうしたいか」を考えてみてください。違う対応をしたければ、変化できるよう取り組んでみても良いでしょう。プログラム通りでも良いと思えたら、そのまま普段の対応をすれば良いのです。

自動的に反応したことと、自主的に選択して対応したことでは、まったく意味が違いますから。

そして、自分のプログラムを理解できるようになると、他の人に対する印象も変わってくることがあるようです。自分がどれだけプログラムで自動的に反応していたかを自覚することで、他人のプログラムにも寛容になるのでしょうか。

コンピュータに喩えていうなら、誤作動が起きるのはプログラミング段階の問題であって、コンピュータそのものの問題ではない、ということです。

さあ、それではプログラムを変える技術に進んでいきましょう。

【ポイント】言葉の中身を映像的に見ていく

≪出発点≫ **「○○ができないんです」**

１、状況を把握する質問　「どんな場面でですか？」
「具体的に△△とは、どういうことですか？」
「何があると、○○になりますか？」

２、フレームを把握する質問　「〜だということが、どのようにして分かりますか？」

３、因果を把握する質問　「できないと、どうなりますか？」
「どのようにして、〜が……の原因になりますか？」

〜 メタモデルの質問 〜

≪求める形≫ **「〜すると、……になる」** …プログラムの基本単位：因果

【ポイント】映画のフィルムのように、続きの２コマとしてイメージする

(例)「上司に言いたいことを言えないんです」

場面：「仕事の報告をするために上司のデスクの前に行って話をするとき」

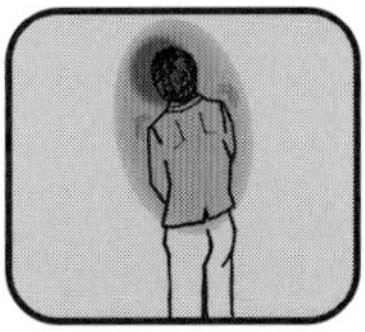

因：「"厳しい" 上司の顔を見て、その声を聞くと」

フレーム：
"厳しい"＝ 体が大きく、ふんぞり返っている。下目づかい。声が大きい。

果：「胸からノドにかけて締まった感じになって、上司の話し声が通り過ぎていく感じになる」

☆プログラムの中身を把握できると、どこを変えれば問題を解決できるかが分かる！

言葉を通してプログラムを変える

① 効果的な仮想体験を作り出す（イメージを利用する）
② 自然な会話の中でフレームやビリーフを変える

図 12：プログラムを把握するための質問

第6章　NLPの変化の技術

神経言語〝プログラミング〟、その名前が示すように、この章の内容は〝プログラミング〟です。NLPの技術を使えばプログラムを作ることもできますし、既にあるプログラムを書き変えることもできます。その意味で、「どのようにプログラムを扱うか」がNLPの中心だといえますし、実際に多くのNLPのセミナーでは、プログラムを変える技術の紹介と実習が大部分を占めます。

ですが本書では、あえて多くの紙面を使って、これまでにプログラムそのものを説明してきました。それは、これから紹介する〝プログラムを変える技術〟が、「どういう仕組みで」、プログラムの「どの部分を」変えているのかを解説するためです。そこが分かってくると、プログラムを変えた後の結果が予測できます。すると、意図をもってプログラムを変えられるようになります。

たとえば、「少しでも失敗すると、ひどく落ち込んでしまう」というプログラムが問題だとしましょう。仕事だろうが、人間関係だろうが、ちょっとした失敗をしたときに、必要以上に自分を責めて落ち込んでしまう、と。

ここでプログラムの基本単位を整理すると、「失敗」というフレームが使われていて、「〝少しでも失敗した〟部分が目につくと、ひどく落ち込む」というアンカーがあると分かります。

ですから、ひとつの方法としては、フレームを変えることが考えられます。「失敗」というフレームを変えるわけです。ここでは、「少しでも失敗すると」と言っていますから、「取るに足らない不注意」というフレームに変えたとしましょう。するとトリガーは、「取るに足らない不注意に気づくと」となります。

こうなると引き出されるのは、「取るに足らない不注意に気づくと」にアンカーされた反応のほうです。「取るに足らない不注意に気づくと、〝おっと！　いけない〟という気分になる」プログラムのほうが使われることになります。

別のフレームで捉えるようになれば、そのフレームに結びついている別の反応が出てくるわけです。

一方、他の方法としては、アンカーを変えることも可能です。「少しでも失敗すると」というフレームは変えないで、その後に結びついた反応を変えるやり方です。

仮に「ひどく落ち込む」反応の代わりに、「〝次こそは上手くやってやる！〟と、ヤル気になる」反応を結びつけたとしましょう。別のアンカーを作ったということです。すると、同じように「少しでも失敗した」ときには、ヤル気が沸いてくるようになります。アンカーを変えて、別の反応が出るようにしたわけです。二つを比べると、プログラムを変えた後の生活は別物ですよね。

フレームを変えたケースでは、今まで落ち込んでいたような失敗は「取るに足らない」こととして気にしなくなる。気楽になるわけです。

一方、アンカーを変えたケースでは、失敗するとヤル気になるようになっています。おそらく、何が〝失敗〟の原因だったかを振り返り、「次こそは」と仕事のミスを減らしていくように努力することでしょう。

プログラムの「どの部分を」変えるかによって、その後の生活には広い範囲の影響が出てくるのです。

どちらが良いかは、もちろん、人それぞれですね。常に完璧を目指して余裕がなくなっている人であれば、「取るに足らない」として気にしなくなるほうが望ましいかもしれません。いつも落ち込んで自信を失っているのであれば、ヤル気を高めて、できるように変えていくことが自信に繋がるかもしれません。

どちらが望ましいかを判断できるようにするためにも、どのＮＬＰの技術が、プログラムの「どの部分を」変えるのか、その結果として何が起きるのか、……これを理解しておくことが役立ちます。

喩えると、薬が効くメカニズムを理解しておくようなものです。頭痛のとき、どの薬を飲めばいいのでしょうか。あまり考えずに飲んでも、市販のたいていの風邪薬なら効くかもしれませんが、薬剤師などの詳しい人であれば、最適な薬を選びやすいでしょう。

さらに、「どういう仕組みで」プログラムが変わるのかが分かっていると、技術の中で注意すべきポイントが分かってきます。効果を上げるための工夫ができるようになるわけです。

ＮＬＰの変化の技術は、手順が明確になっています。料理でいうなら、たくさんのレシピがあることになります。きっと料理に詳しい人は、レシピの中で重要なポイントが分かるでしょう。アレンジしていい部分と、欠かせない重要な部分との区別がつくはずです。カレーのレシピから、カレー粉を抜くようなアレンジはしないと思います。それは、カレーを、カレーとして美味しくする仕組みを知っているからだといえます。

ＮＬＰの技術も同様です。これまでの章で説明してきたプログラムの仕組みを知っていると、変化の技術のポイントを掴みやすい。それを元に、これから技術の解説をしていきます。

ここで一つだけ、NLPの技術の特徴を伝えておきます。NLPの技術の多くは、イメージを活用します。頭の中でイメージを思い浮かべ、仮想体験をするのです。空想に浸るようなものです。実は、そのイメージの扱い方にこそ、NLPを効果的にする工夫が数多く詰まっている。

ここで知っておいてもらいたいのは、「イメージを浮かべるとか、仮想体験に浸るというのは、人によってやりやすさが違う」ことです。

普段から空想にふけるのが好きな人は、NLPの技術がやりやすいと感じるようです。仮想体験そのものに馴染みがあるわけです。人によっては、「あ！　この方法、私いつもやっていました！」なんていうこともあります。ところが、別のある人にとっては慣れていない作業かもしれません。

重要なのは、〝**慣れていない**〟ということです。

仮にイメージしにくいと感じたとしても、実際には自覚していないだけなのです。イメージに注意を向けることに慣れていないのです。ですから、慣れるというのは一つの有効な手段でしょう。自分の部屋の中を思い浮かべるような作業から練習しても良いと思います。

しかしながら、NLPにはさまざまな種類の技術があります。なかには、イメージを思い浮かべる作業をせずに、言葉だけでプログラムを変える技術もあります。人それぞれの慣れの違いに対応できるぐらい多くの技術があるのです。言い換えると、人によって効果の実感しやすいものが違う場合があるわけです。慣れてくればすべての技術で効果を実感できるようになりますが、最初は自分が使いやすいものから始めても良いでしょう。

馴染みのないものには抵抗があっても自然なことです。初めてコーヒーやビールを飲んだときには、苦くて美味しくないと感じたかもしれません。今、私にとってコーヒーは、欠かせない生活の一部となっています。何人か、コーヒーが飲めない受講生のプログラムを、コーヒーを飲めるように変えるお手伝いをしたこともあります。もちろん、飲みたくないならコーヒーを飲む必要はありませんが、アメリカンやカフェ・ラテが口に合うこともあるかもしれませんから、まずはいろいろと試してみてもらえればと思います。

■プログラムを変える方向性

プログラムの「どの部分」を変えるかを意識するために、プログラムの基本単位を前提としていきます。それと同時に、そのプログラムを問題だと判断する別のプログラムについても考えていきます。これは「ビリーフ」と呼ばれるチャンクの大きなプログラムでしたね。あるプログラムの基本単位が問題となるかどうかは、ビリーフによって決まるということです。

先ほどの例に追加して、説明しましょう。問題となるプログラムは「少しでも失敗すると、ひどく落ち込んでしまう」です。これが基本単位ですね。因果の形をしていて、フレームとアンカーが含まれています。どちらを変えても問題の反応が起きなくなるのは、先ほど説明した通りです。

この場合、「ひどく落ち込む」反応が問題になっているといえます。「〜してしまう」には、「嫌だけど、〜になる」、「〜するのが嫌だ」という意味が含まれていますから。

すると「落ち込む」ことを問題だと判断する別のプログラム、つまりビリーフがあることになります。たとえば、「情けないと、バカにされる」などです。この後に「バカにされると、悲しくなる」といった反応もセットになっています。失敗して落ち込んでいる自分を「情けない」のフレームに当てはめて、「悲しい」という反応に繋げているわけです。

ですから、ここでも「情けない」というフレームに当てはめないようにプログラム（ビリーフの中身）を変えてやれば、「落ち込んでいる」自分を「情けない」とは思わなくなります。当然、悲しくもなりません。

「少し失敗した。落ち込むなぁ。でも、いいか。落ち込むのは自然なことだ。反省しているってことか」……そうなれば、「少しでも失敗すると落ち込む」というプログラムは、問題ではなくなるわけです。

ここには大きな二つの方向性があります。

一つは、問題となるプログラムを変えて、**問題のプログラムを〝なくす〟やり方**。問題が解決するともいえます。これを本書では、問題を**〝解決する〟**と呼ばせてもらいます。

もう一つは、問題のプログラムは変えずに、その**プログラムを問題と判断する別のプログラム**（ビリーフ）**のほうを変えるやり方**です。つまり、元のプログラムはそのままに、問題と判断しなくなるようにする方法です。「少しでも失敗すると、落ち込む」プログラムは変えずに、そのプログラムを問題とは判断しなくなるようにするアプローチですね。言い換えると、問題が〝気にならなくなる〟、〝どうでもよくなる〟やり方です。こちらを、問題を**〝解消する〟**と呼ばせてもらいます。

ですから、問題のプログラムを〝なくす〟（解決する）か、〝気にならなくする〟（解消する）か、二通りの方向性があるということです。

ここでもやはり、どちらが良いということではありません。そのときの本人にとって、どちらの方向性が望ましいか、です。ですから、両方できるに越したことはないでしょう。もっと重要なのは、方向性が合っているかどうかを『気にする』ことです。二つの方向性を知っておいて、どちらが望ましいかと考えられることが大切だということです。

相手がその問題のプログラムで現実的に大きな苦しみを抱えていて、なんとかして変えたいと思っているのであれば、解決の方向性（問題をなくす）が求められているはずです。そのときに、解消の方向性（気にならなくなる）ようにアプローチをしても、意味がないかもしれません。そのときは気が楽になったけど、やっぱり大変なものは大変だ。……そんな可能性もあるわけです。

プログラムを変える技術があるからこそ、どの方向性に変化するかを予測して技術を使うのが大切だということです。どちらの方向性を意図しているかを自覚していれば、上手くいかなかったときに修正できます。自覚していないと、同じことを繰り返してしまうかもしれません。

その意味でも、まずは自分自身に対して、プログラムを変える技術を使ってみてください。そして、どういう変化が実感できるのかを体験してみてください。そうすると、プログラムを変えた後の結果を予測しやすくなるはずです。

問題となるプログラムの基本単位があって、フレームかアンカーを変えることで、反応が変わります。問題となっていた反応がなくなりますから、問題が〝解決〟されます。また、問題となっていた反応を「問題だ」と判断していたビリーフを変えると、同じ反応が出ても気にならなくなります。問題が〝解消される〟ということです。

■プログラムのどこを変えるか

プログラムを変える方向性は、〝解決〟(なくなる)か、〝解消〟(気にならなくなる)かでした。

プログラムの中で変えられる部分には、フレーム、アンカー、ビリーフがあります。

ＮＬＰには、さまざまなアプローチの仕方があるのです。次からは、この分類を元にして、技術の解説をしていきます。プログラムのどの部分を変えて、どういう結果をもたらす技術なのか、という説明の仕方です。

そして原則的には、あらゆるプログラムに対して、どのアプローチをすることも可能です。フレーム、アンカー、ビリーフ、どれを変えることもできます。ですから、ここでは一つの例を共通の題材として使って、それぞれの技術の違いを説明していくことにします。

第5章で明確にした「〝厳しい〟上司の顔を見ると、委縮する」でいきましょう。

まずは、アンカーを変える手法から解説します。

■アンカーを変える

1．アンカリング

最初は、アンカーを変える技術から紹介しますが、まずはその前に、アンカーというものを実感するための練習をしましょう。

アンカーはプログラムの基本単位の中の「～すると、……になる」という因果を作っているものでしたね。トリガー（プログラムを作動させる直接のキッカケ）があると、反応が引き出される仕組みです。これを簡単に一つ作ってみます。作ったアンカーが作動して、反応が引き出されることを実感する作業です。

①トリガーを決める

まずは、「〜すると、……になる」という因果の「〜すると」の部分を具体的に決めましょう。トリガーを設定するということです。

意図的に作るのが目的ですから、シンプルで分かりやすい触覚の刺激を使うと都合がいいと思います。たとえば〝膝の少し上を人差し指で触れる〟とか〝肩のあたりを中指で押す〟とかです。

普段やらないような特殊なものにしてください。「〜する」のフレームに当てはまったときに、アンカーされていた反応が引き出されるわけです。それをキッカケにプログラムが作動する。ですから、フレームに当てはめる作業は、独特なもののほうがしやすいのです。たとえば、独特な声の人のほうが、その人の顔が思い浮かびやすかったりしますよね。ありきたりの声だとハッキリと一つのフレームに当てはめにくくなりますから。ですから、普段あまり体験しないような刺激だと反応を引き出しやすくなるのです。

また、ここでは作ったアンカーを後で作動させて、反応を実感するのが目的です。フレームに当てはまったときに反応が引き出されるのですから、フレームに当てはまるような刺激を再現できる必要があります。〝膝の少し上を人差し指で触れる〟という刺激をトリガーとしたときは、膝頭を触っても意味がないのです。フレームに当てはまりませんから、トリガーとして機能しないわけです。後で正確に再現しやすくて、かつ独特な触覚の刺激を決めましょう。

②望ましかった体験を思い出す

次に、アンカーされて引き出される反応を決めます。「……になる」の部分です。実感しやすいと良いでしょうから、なるべく強く印象に残っている具体的な一つの思い出にしましょう。思い出すだけで体の中が〝良い感じ〟の状態になるような体験が良いですね。スポーツで最高の結果を出したとか、仕事で高く評価されたとか、星空の下の露天風呂でリラックスしたとか、内容は好きなもので構いませんが、できるだけ強く実感できる思い出だとやりやすいと思います。

③最高の瞬間と、一瞬前の場面を特定する

思い出を出来事として誰かに話すようなつもりで、出来事の順番に沿って思い出します。映画やビデオを再生するようなイメージです。どこが最高の瞬間だったかは自分で分かりますね。

次に、その一瞬前の場面をハッキリ自覚してください。アンカーとは、映画のフィルムで続きの二コマ分のような繋がりのものです。ですから、最高の瞬間一コマと、その直前の一コマを明確にするとやりやすくなるはずです。

④出来事を思い出しながら、最高の瞬間の前でトリガーの刺激を加える（アンカリング）

映画やビデオを再生するようにして、その思い出に浸ります。眼は閉じたほうがやりやすいかもしれません。

動画が進んで、最高の瞬間のコマよりも一つ前のコマに来たときに、最初に決めたトリガーの刺激を加えます。

例として、星空の下の露天風呂で、〝湯船につかりながら星空を見上げた瞬間〟が最高の場面、トリガーが〝膝の少し上を触る〟だとしましょう。その場合には、扉を開けて露天風呂のほうへ出てくる辺りから、順を追って思い出に浸り始めて、〝お湯につかって顔を上げる直前〟で〝膝の少し上を触る〟となります。〝星空を見上げて〟、最高の瞬間を味わったらトリガーの刺激をやめます。

これによって、「トリガーの刺激の次のコマが最高の瞬間」という繋がりが作られたわけです。例の場合、「〝膝の少し上を触る〟と、〝湯船につかりながら星空を見上げた瞬間を思い出す〟」というアンカーが作られることになります。「～すると、……になる」を意図的に作ったのです。

このようにアンカーを作る段階を『アンカリング』と呼びます。

⑤アンカリングを数回繰り返す

動画を再生するように思い出に浸って、最高の瞬間の直前でトリガーの刺激を加える。最高の瞬間を味わって、トリガーの刺激をやめる。この一連の流れを数回繰り返します。

プログラムは体験の『回数』と、『感情的インパクトの強さ』で定着するのですから、回数を重ねるとアンカーの繋がりも強まっていきます。強く印象に残っているもののほうがやりやすい理由も、この『感情的インパクトの強さ』のためです。

⑥アンカーをチェックしてみる

一度気分転換をして、普段通りの状態になります。そこで先ほどのトリガーの刺激を加えて、何が起きるかをチェックしてみてください。繰り返しますが、トリガーの刺激は正確に再現するのが大切です。

起きる反応としては、人それぞれ注目する部分が異なるものです。映像としてイメージが浮かぶ人もいれば、一瞬にして体の感覚が変わる人もいます。音声が思い浮かぶ人もいるでしょう。リラックスするような体験でアンカーを作った場合には、トリガーの刺激を加えた瞬間に、フッと体から力が抜ける感じがすることが多いものです。興奮するような体験でアンカーを作った場合には、トリガーと同時にゾクゾクッとしたり、血流が変わっていくのを感じたりすることもあります。

以上がアンカーを作る一連の手順です。

トリガーによって反応が起きる。その自動的な感じを少しでも体験してもらえていれば充分です。

ここで作ったようなアンカーそのものを、自分の状態のコントロールに使うこともできます。感情が高ぶってしまったときに落ち着きを取り戻す、なんていうこともできるわけです。

用語の説明をしておくと、アンカーを作ることを「アンカリング」、アンカーを作動させることを**「アンカーを〝発火する〟」**といいます。手順の④⑤がアンカリング、⑥がアンカーを発火する段階です。

〝アンカーが発火する〟と〝プログラムが作動する〟は同じ意味だと思って構いません。ただ、プログラムの中でアンカーの部分に注目しているとき、〝アンカーを発火する〟という表現が使われるだけです。

あまり細かい用語は気にしなくて構いませんが、次に紹介する技術の中では、アンカーを意図的に作って、それを利用しますので、心に留めておいてください。

2. コラプシング・アンカー

さて、アンカーを作る手法を紹介しましたから、これを利用して「プログラムを変える」技術に進みましょう。

問題となっているプログラムの中から、基本単位としてアンカーに注目します。そのアンカーを変えることで、問題の反応が起きないようにする方法です。
ここでは特に、問題のプログラムのアンカーを変えるために、別のアンカーを使います。『**コラプシング・アンカー**』と呼ばれる技法です。〝コラプス〟は、「崩壊させる」という意味ですから、問題のアンカーを別のアンカーで壊すような作業だといえます。

先に手順を簡単に説明しますが、ここでは問題のプログラムが明確になっているものとします。つまり、この作業をやる前に、第5章で紹介した方法でプログラムの基本単位を把握しておくということです。

問題を「～すると、……になる」という因果の形として、映画のフィルムの連続した二コマのようにイメージで把握できている。トリガーと反応を、それぞれ二コマのシーンのように把握できている状態です。また、「～する」と判断するのに使っているフレームも分かっているものとして始めます。

このようにプログラムの基本単位の中身が分かっていない場合には、第5章で紹介した方法を使って問題に関する情報収集を先に行ってください。そこが明確になっていれば、この後の作業はとても簡単です。

①望ましい状態をアンカリング

問題の反応を打ち消せるような望ましい状態（体感覚として）を考えます。そして先ほどアンカリングで説明したのと同じ手順でアンカーを作ります。望ましい状態をアンカリングしていくわけです。

その思い出に浸って、望ましい状態が最高になる直前でトリガーの刺激を加えます。ここでは分かりやすく、トリガーを〝右ひざの少し上を人差し指で触れる〟とします。数回繰り返して、しっかりしたアンカーを作ります。

②問題の状態をアンカリング

次に、問題のトリガーに対してアンカリングをします。やり方は望ましい状態をアンカリングするときと同様です。問題のプログラムにおけるトリガーのシーンを思い浮かべ、〝左ひざの少し上を人差し指で触れる〟ことでアンカリングします。問題の反応が強いときには、アンカリングの作業を繰り返さなくても大丈夫でしょう。

ここまでで、〝右ひざ〟に望ましい状態のアンカー、〝左ひざ〟に問題のプログラムのアンカーが作られたことになります。それぞれの場所に触れることで、体の中にその状態が引き出されるようになっています。

③2つのアンカーを同時に発火する

〝左ひざの少し上〟、〝右ひざの少し上〟を同時に触れて、両方のアンカーを一度に発火します。体の中に何が起きるかに注目しながら、しばらく触れ続けてください。

多くの場合、問題の状態と望ましい状態の二つが体の左右に分かれて感じられるようです。呼吸にともなう肩の動きや、体の傾き、筋肉の緊張の度合いなどが、左右でアンバランスになることが多いものです。

そのまま触れ続けていると、徐々に二つの状態が一体となるように落ち着いてきます。呼吸や筋肉の緊張もバランスが取れてきます。それを確認してから指を離して、アンカーの発火を終えます。一般に、生理状態の変化には秒単位の時間がかかるようです。問題の反応が消えるまで、アンカーを発火し続けると良いでしょう。

④問題のプログラムが変わったことをチェックする

問題のプログラムのトリガーとなるシーンを思い浮かべます。思い浮かべたときに、問題となっていた反応がなくなっているか確認します。

手順はこれだけです。

問題の反応を打ち消せる望ましい状態をアンカリング。

問題のプログラムのトリガーをアンカリング。

二つを同時に発火。

これによって、元々あった問題のアンカーが弱まります。問題となっていた同じトリガーを体験しても、以前のような反応が起きなくなるわけです。この方法で、歯医者の音が怖かった受講生のサチヨさん（仮名）は、リラックスして治療を受けられるようになったそうです。今では、歯医者がどんな作業をしているのか、興味を持って見ていると言います。

もう一度、手順の流れを踏まえながら、具体的な例で説明します。第5章で取りあげた「厳しい上司の顔を見ると、委縮する」を題材としましょう。

問題の反応は「委縮する」です。実際には、「胸からノドにかけて締まった感じになって、上司の話し声が通り過ぎていく感じになる」という反応でした。

これを打ち消すことができるような望ましい状態を考えます。「リラックスして、落ち着いた状態」で話を理解できると良いでしょうから、〝親友と深い話をしていた〟体験を利用することにします（実際は、体の感覚さえ望ましければ、体験の内容は何でも大丈夫です。犬と遊んでいたときでも良いでしょうし、家族との時間でも良いでしょう。幼い頃の思い出でも構いません）。

そして、親友と深い話をしていた場面を思い出して、最高の瞬間の直前でアンカリングをします。お互いに分かり合えていることを実感する直前としましょう。そこで〝右ひざのあたり〟を触れます。何回か繰り返すことで「リラックスして、落ち着いて話しながら、分かり合えた実感」をアンカリングしたことになります。

次に問題のトリガーをアンカリングします。問題のプログラムにおけるトリガーは、「〝厳しい〟上司の顔を見て、その声を聞くと」です。この問題の「背景」として描かれているイメージは、「仕事の報告をするために上司のデスクの前に行って話をするとき」でした。

そのシーンを思い浮かべれば、自然と「委縮する」反応が起きるはずです。ですから、〝厳しい〟上司の顔と声を思い浮かべながら、〝左ひざのあたり〟を触れます。問題のトリガーをアンカリングしたわけです。

そして、〝左ひざのあたり〟と〝右ひざのあたり〟を同時に触れて、二つのアンカーを発火します。体の中に、「委縮する」感じと、「落ち着きながら分かり合えた」感じとが入り混じります。しばらくすると体感覚が落ち着いてくる。そこで両ひざから指を離して、アンカーの発火をやめます。

そうしたら、問題のトリガーになっていた「〝厳しい〟上司の顔と声」を思い浮かべてみる。……けれども、もう、あの「胸からノドにかけて締まった感じ」がしない、となるはずです。

ここでポイントになるのは、上司を〝厳しい〟と判断するフレームは変えていないことです。「〝厳しい〟上司」という意味づけは変わっていません。「〝厳しい〟上司の顔を見ると」というトリガーは、そのままなのです。ただ反応だけが起きなくなる。一連のアンカリングと「望ましい」／「望ましくない」アンカーの同時発火によって、「〝厳しい〟上司の顔と声」というトリガーに対して、自然と沸き起こってくる反応だけを変えたといえます。アンカーを変えることで、問題の反応が起きないように変化させたのです。

もちろん、この方法で「人前に出ると、緊張する」といったプログラムに対しても同様に対処できます。「人前」というトリガーのシーンをアンカリング。望ましい状態（自信がある、楽しい、など）をアンカリング。二つのアンカーを同時に発火。これで、人前に出た瞬間に「緊張が始まる」という反応は軽減できます。

3．スウィッシュ・パターン

今度は、別のアンカーを追加することで、問題の反応が起こらなくする方法を紹介します。これは視覚のイメージを中心に使います。喩えていうと、映画のフィルム二コマ分を都合よく編集して、繰り返し再生するような作業です。

問題のトリガーに別の反応を結びつけて、もう一つのアンカーを作ります。

具体的な内容のほうが思い浮かべやすいでしょうから、「厳しい上司の顔を見ると、委縮する」の例を先に説明します。繰り返しますが、ここでもプログラムの基本単位はすべて明確になっているものとします。

まずは、望ましい状態を考えます。そのトリガーに対して、どういう反応が出てくるのが望ましいか、ということです。ここでは、「自信をもって、話をしっかり聞きながら、自分の意見を言えるように待っている状態」としましょう。

第4章で説明したように、サブモダリティの組み合わせのパターンに対して、ラベルをつけたものが言葉です。ですから「自信をもって」も、映像のイメージの中でサブモダリティを使って表現できるはずです。当然、「話を聞く」も、「しっかり」も、「自分の意見を言えるように待っている」も、サブモダリティを使って表現できます。文章で考えた内容すべてを映像に反映させるということです。

言葉とサブモダリティの対応に慣れてくると、望ましい状態のイメージを正確に作れるようになりますが、最初のうちはだいたいで構いません。「自信をもって、話をしっかり聞きながら、自分の意見を言えるように待っている」ことが、外から見て分かるようなイメージにしてください。自分自身の姿として、です。自分がそういう望ましい状態になっている姿を一枚のスライドのように思い描くわけです。

次に、問題のトリガーのシーンを、スライドとして目の前に思い描きます。大きく、カラフルなものにします。

この場合、背景は「仕事の報告をするために上司のデスクの前に行った場面」でしたね。そして〝厳しい〟上司の姿は、「体の大きな上司がふんぞり返って、下目づかいでこちらを眺めている」形です。そのイメージを目の前に置きます。

それだけで「委縮する」反応が出てきますから、イメージを置く場所を少し遠ざけて調整します。遠ざけると「委縮する」感覚は弱まるものです。耐えられる範囲で近いところに置きます。

問題のトリガーのイメージを見ながら、そのイメージのすぐ上に小さな黒い点を置きます。その黒い点が、小さくなった「望ましい自分の姿」だとします。小さくて見えないけれど、そこに先ほど作ったイメージがあると想像します。想像で大丈夫です。

そして二つのイメージを同時に動かします。問題のトリガーのイメージは、小さく白黒になりながら、自分から遠ざかっていって見えなくなる。望ましい自分の姿のイメージは、小さな黒い点だったものが、自分の方に近づいてくるにつれて、カラフルで大きな映像になるように動かします。

これによって、「問題のトリガーの次には、望ましい自分の姿が思い浮かぶ」という結びつきを作っているわけです。つまり、新しいアンカーを作っているのです。

そうしたら、一度すべてのイメージを消して、もう一度同じ作業をします。

目の前に問題のトリガーを思い描く。すぐ上に小さな黒い点として、「望ましい自分の姿」を置く。二つを同時に動かして、問題のトリガーのイメージは遠くに消し去り、望ましい自分の姿が目の前に向かってくるようにします。最終的には、目の前に、カラフルで大きな「望ましい自分の姿」のイメージが見えている。

この流れを五回繰り返します。回数に制限はありません。問題のトリガーを思い浮かべても、「委縮する」反応が出なくなるまで繰り返すわけです。

なお、一回終わったら、すべてのイメージを消してリフレッシュするように気をつけます。「問題のトリガーの次に、望ましい自分の姿がやってくる」という順番が大事だからです。仮に、遠くにやったイメージを近くに戻してきてしまったら、順番が狂ってしまいます。

トリガーを思い浮かべる。すると、望ましい自分の姿がやってくる。この流れが新たなプログラムとして定着するように、回数を重ねているのです。

こうすることで、「〝厳しい〟上司の顔」というトリガーに結びついていた「委縮する」という反応を変えて、代わりに「望ましい自分の姿が思い浮かぶ」という新たな反応を結びつけられます。新しいアンカーが作られるともいえます。つまり、「〝厳しい〟上司の顔を見ると、〝望ましい自分の姿〟が思い浮かぶ」プログラムに書き換えたということです。

細かい解説になりますが、「望ましい自分の姿」をイメージすると、体の感覚にも違いが生まれるものです。目標を思い浮かべると、「ヨシ！」と気合が入りますよね。「望ましい自分の姿」

が目の前に思い浮かぶことで、その状態の自分になろうと、自然と気持ちに変化が起きやすいのです。ここではその性質を利用して、「望ましい自分の姿」を新たな反応としたアンカーを作ったわけです。

この方法では、プログラムを作り変えるために『回数』を利用しています。

それに加えて、『感情的インパクト』を高めるための工夫が含まれています。それが〝イメージが大きくなりながら向かってくる〟という部分です。

人は、何かに惹きつけられるとき、そのものをズームインするように見つめる傾向があります。〝目に焼きついて離れない〟経験をしたことのある人は分かると思いますが、見えてしまった瞬間に、ズームインするように見つめてしまっているのです。視野が狭くなって、その部分だけをハッキリと見てしまう。

あるいはウィンドウ・ショッピングをしているときに、ずっと欲しかったものが見つかった場合にも、ズームインするように自然と注目すると思います。

強いインパクトを受ける出来事には、一気に注目して、ズームインするような見方をしていることが多いのです。ズームインすると、映像は大きくなって、近寄っていくように見えますね。同じことをするために、映像の側を動かして、大きく、近づけてきている作業だといえます。

ちょっと複雑なイメージの作業ですが、私たちが知らないうちにやっている注目の仕方を利用した方法であって、『感情的インパクト』を高める工夫として重要なのです。
では、一連の手順をまとめておきます。

①望ましい状態をイメージにする
問題のトリガーに結びつけたい、望ましい状態です。「問題の反応の代わりに、こうなりたい」という状態を考えます。その状態の自分の姿を「望ましい自分」として映像にイメージします。

なお、目的が「ただリラックスすること」であれば、〞愛犬〟や〞家族〟の写真などをイメージしても構いません。最終的に「〞厳しい〟上司の顔を見ると、家族の写真が思い浮かぶ」というプログラムに変わるだけのことです。ただし、その結果として、上司の顔を見ると家に帰りたくなる可能性もありますので、何を望ましい状態とするかについては注意してください。

②問題のプログラムのトリガーを思い浮かべる
この段階までに、問題のトリガーを明確にしておくことが前提です。先ほどの例では、〞厳しい〟という意味づけもイメージの中に含まれていました。何が問題の反応を引き起こすのかが重要です。それを映像のイメージに含めておきましょう。

③問題のトリガーのイメージと、望ましい状態のイメージを入れ替える

問題のトリガーのイメージを目の前に置き、すぐ上に黒い小さな点として望ましい状態のイメージを置きます。二つのイメージを同時に動かします。問題のイメージは白黒になりながら、小さくなって遠くへ消えていく。望ましい状態のイメージはカラフルになりながら、大きくなって目の前にやってくる。この動きを同時に行います。

④イメージを入れ替える作業を五回以上繰り返す

毎回イメージを一度消してリフレッシュしながら、③の作業を五回以上繰り返します。問題のトリガーのイメージを思い浮かべても、問題の反応が出なくなったら終了です。

この方法を使って、恐怖の反応に対応することもできます。

前述したタケルくんは、これで大型犬への恐怖に対処しました。他にも、ヘビやザリガニへの恐怖、高所恐怖症、先端恐怖症を解決した例があります。

なお、恐怖の反応が激しいケースには、この手法は向きません。トリガーをハッキリと思い浮かべてもギリギリ耐えられる範囲までにしてください。思い浮かべることも大変なケースには、「フォビア」と呼ばれる手法のほうが適切です（ＮＬＰには「フォビア」と呼ばれる恐怖症専用の技法があります。多くのＮＬＰ関連の書籍に紹介されていますので、必要な方は、そちらを参照してください）。

■フレームを変える

先にアンカーを変える方法を見てきましたが、アンカーを変えるやり方は、トリガーの意味づけが変わらないのが特徴です。フレームが変わっていないからですね。〝厳しい〟上司は、依然として〝厳しい〟上司として捉えられているわけです。

一方、これから紹介する方法では、フレームを変えます。トリガーとして注目する部分が変わりますから、意味づけが変わります。「～すると」の部分が別物になるのです。「〝厳しい〟上司の顔を見ると」がトリガーではなくなりますから、自動的に、同じ状況での反応も違ったものになります。

もしトリガーが「〝厳しさの奥に優しさがある〟上司の顔を見ると」だったら、どうでしょうか？　これならもう「委縮」しなくなりそうですね。それが狙いです。

「〝厳しさ〟」のフレームで捉えていたものを、〝厳しさの奥に優しさがある〟というフレームで捉えるように変える。フレームを変えるので、この方法を『リフレーミング』と呼びます。ここからは、リフレーミングが起こるようにするための技術をいくつか紹介します。

1．サブモダリティ・チェンジ

フレームとは、物・動作・価値観など、ある物事の意味に必要な特徴のことでした。基準となるサブモダリティの組み合わせからできあがっています。

たとえば、私にとっての〝優しさ〟のフレームは、「白っぽく輝いていて、丸みが際立っている」というサブモダリティで作られています。この特徴を見つけると、私はその物事に対して〝優しい〟という判断をします。

だとすると、何かを思い浮かべて、そのイメージに「白っぽく輝いていて、丸みが際立っている」ようにサブモダリティを加工すると、それがどんなものでも、私にとっては〝優しい〟感じに思えるようになるはずです。

実際に目の前にある『物』を加工するのは大変ですが、イメージの中であれば比較的簡単です。自分の意思で簡単に変えられます。この仕組みを利用すれば、プログラムに使われているフレームのサブモダリティを変えることができる。そういう発想です。

これまで見てきた例を使って説明しましょう。「〝厳しい〟上司の顔を見ると、委縮する」です。第5章で調べた〝厳しさ〟の判断基準は「体の大きな上司がふんぞり返って、下目づかいでこちらを眺めているのが見えて、大きな声を出しているのが聞こえる」ことでした。フレームとしてそのサブモダリティを想像すると、「〝ふんぞり返っている体〟の角度」、「〝下目づかい〟にピントを合わせて視野を狭くしている」、「まっすぐに向かってくる大きな声」といったところです。

この組み合わせがあるときに、〝厳しさ〟を捉えることになります。上司に対して、この特徴ばかりを強調して注目しているので「〝厳しい〟上司」という捉え方になるのです。では、次からが作業の段階です。

まず、問題のプログラムのトリガーを思い浮かべます。

すると、「ふんぞり返って、下目づかい」の上司のイメージが浮かびます。背景もありましたね。「仕事の報告をするために上司のデスクの前に行った場面」です。

この映像の中に、「〝ふんぞり返っている体〟の角度」が大袈裟に描かれていて、「〝下目づかい〟にピントが合って、視野が狭い」という特徴が表れているわけです。そして、この映像から聞こえる声が、実際より「大音量で」、「まっすぐに」向かってくる。こういうフレームが追加されています。

現実に会社で上司に会うと、このフレームに当てはめて、「委縮する」反応を引き出してしまっているのです。

ここで重要なのは、『**当てはめる**』ということです。ゴキブリの例の説明で、勘違いでも恐怖の反応が出ると説明しました。フレームに当てはめてしまえば、実際とは関係なく反応は引き出されてしまうのです。であれば、何も〝厳しさ〟のフレームばかりに当てはめる必要はありません。他のフレームでも上司に当てはまるものがあるかもしれないわけです。それを探します。

そこでトリガーのイメージに、サブモダリティで加工をしていきます。慣れるまでは、どういうサブモダリティの組み合わせが、何の意味のフレームに使われているかが分かりにくいでしょうから、最初はランダムで構いません。とにかく色々とサブモダリティを変えて実験してみましょう。

コツは、「色合い」や「光の当たり具合」、「鮮明さ」、「ピントが合う場所」などを『部分的に』変えることです。「視野の中心」や、「視野の範囲」、「ズームインの度合い」などを変えても効果的なことが多いようです。

第4章で説明しましたが、ここで変えようとしているフレームのサブモダリティは、『プロセス』や『価値観』と対応したものです。『プロセス』や『価値観』は、イメージの中に見えている『物』や『動作』を修飾する形で表れます。そのため、『物』や『動作』に対応した部分の雰囲気を変えるように表現される、部分的な「色合い」や「光の当たり方」などがポイントになるのです。

注意してもらいたいのは、『物』や『動作』を決めているサブモダリティを変えるのではない、というところです。上司の顔を別の人にしたり、おかしな格好をさせたりするのは、『物』や『動作』を変えてしまっていますね。それは趣旨が違います。仮に、〝ひょっとこのお面〟を上司にかぶせたイメージにしたら、トリガーが「〝ひょっとこのお面をかぶった〟上司の顔を見ると」になるだけのことです。

ここの目的は、実際の上司を、別のフレームに当てはめて捉えられるようにすることです。ですから、「○○な上司」という意味づけが、本人と極端に違わないように、イメージの中でサブモダリティを変えるほうが良いでしょう。


そして、サブモダリティを加工したらチェックをします。チェックポイントは、①問題の反応がなくなっているか、②サブモダリティを加工したイメージは、実際に無理がないか、です。

この例であれば、「声をすごく小さく」して、「顔のあたりの色合いを黒っぽく」、「薄暗く」したりすると、〝気弱で物静かな〟上司という意味に捉えられるかもしれません。しかし、それでは実際の上司と比べて無理がありますね。現実に上司を目の前にしたとき、〝気弱で物静かな〟フレームに上司が当てはまらないと、依然、〝厳しい〟上司として捉えてしまうでしょう。


ここでは、「白っぽく輝いていて、丸みが際立っている」というサブモダリティを追加してみます（私の場合だと、それが〝優しさ〟のフレームを構成するサブモダリティになります）。ある程度、〝厳しさ〟も残します。

元のイメージでは、「〝ふんぞり返っている体〟の角度」が大袈裟に描かれていて、「〝下目づかい〟にピントが合って、視野が狭い」ものとなっていました。この「〝下目づかい〟にピントが合って、視野が狭い」ところを変えます。イメージの中で「視野を少し広げて」、「肩の丸みが際立って見える」ようにする。そして「肩から背中にかけての後ろを、白っぽく輝かせる」ように加工する。

そうすると、「白っぽく輝いていて、丸みが際だっている」という〝優しさ〟のサブモダリティが〝厳しい〟上司のフレームに加わり、〝厳しさの奥に優しさがある〟という意味をもったフレームに変わります。新たなフレームに当てはまるようになった結果、引き出される反応も変わる。そういう流れです。

この場合であれば、実際の上司と比べて大きな違いがありませんから、違和感も少ないでしょう。プログラムの中のフレームを、イメージを加工して変えておくと、次からは新たなフレームに当てはめられるようになります。

念を押すために、実際に当てはめられるかチェックしておくと、さらに効果的です。

〝厳しさの奥に優しさがある〟上司として、当てはまる実体験を探してみるわけです。過去にどんなエピソードがあったかな……と。それで「ああ、そういえば、本当に大きなトラブルがあったときは、誰のことも責めずに、自分で対応に動いていたっけ……」といった思い出が見つかれば、かなり確実でしょう。

次の日からは、上司を〝厳しさの奥に優しさがある〟人として捉えられるはずです。

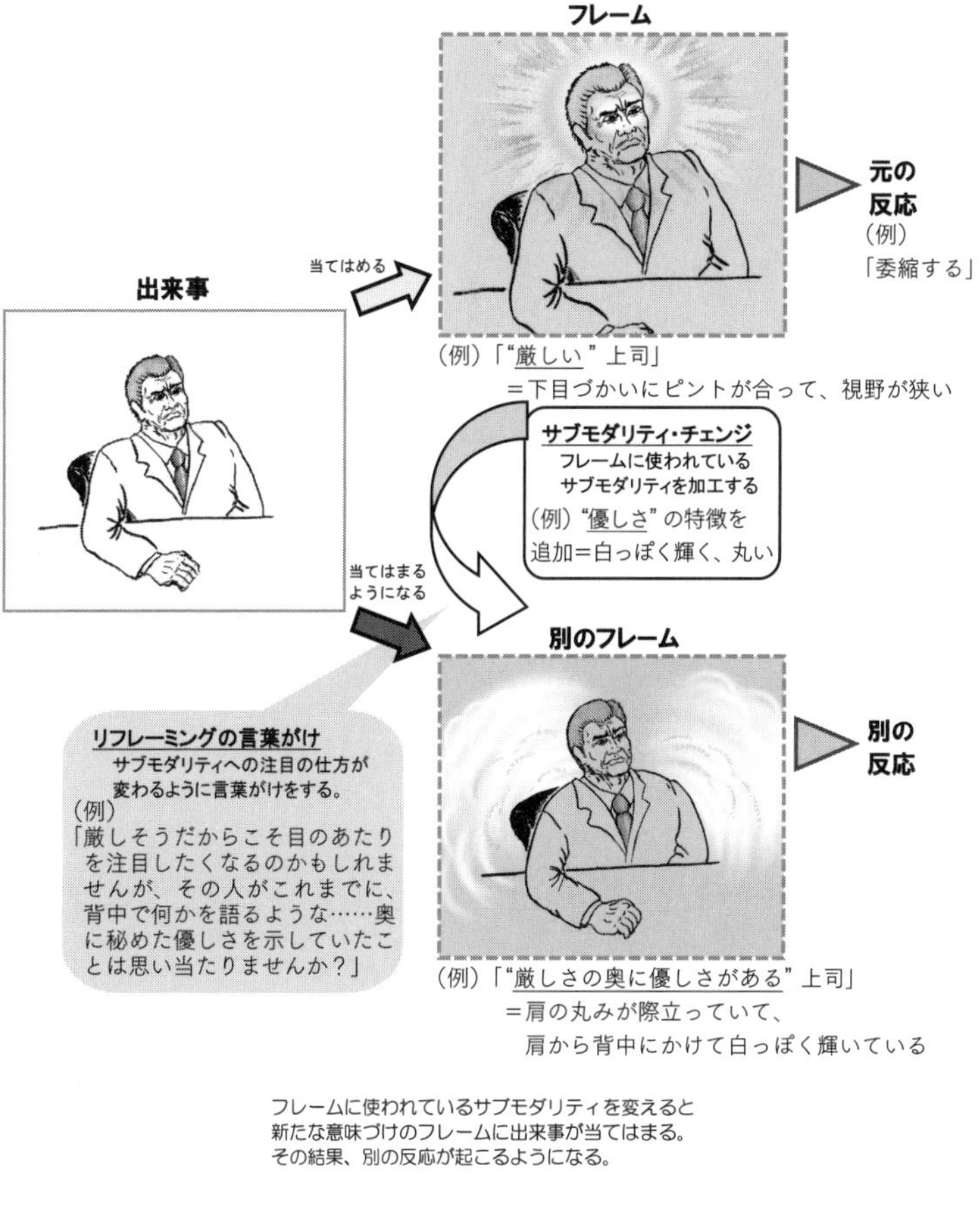

（例）“優しさ”の特徴を
追加＝白っぽく輝く、丸い

変わるように言葉がけをする。

フレームに使われているサブモダリティを変えると
新たな意味づけのフレームに出来事が当てはまる。
その結果、別の反応が起こるようになる。

図 13：リフレーミングとサブモダリティ・チェンジ

では、手順を簡単にまとめておきます。ここでもトリガーに使われているフレームまで明確になっていることが前提です（明確になっていない場合は、第5章の手順にそって調べてください）。

①問題のプログラムのトリガーを思い浮かべる

イメージの中で強調されている部分を調べます。「○○な」といった修飾語に対応するサブモダリティが重要です。

②そのイメージの中で、サブモダリティを**部分的に**加工してみる

『物』や『動作』の中身は変えないようにします。「光の当たり方」や、「色合い」、「ピント」などを部分的に変えることで、イメージの印象を変えてみます。

③サブモダリティを変えた結果をチェックする

チェックポイントは二つ。問題の反応がなくなったか。実際と比べて無理な意味づけになっていないか。違和感があるときは、サブモダリティの変え方を再度調整します。無理があるかどうかは、その新しいイメージに、現実を当てはめられるかと想像してチェックします。

④新しいイメージ（フレーム）に、言葉として相応しい意味づけを考えてみる

この新しいイメージを言葉で言い表すとしたら、どんな言い方がシックリくるか？　と考えます。例の場合では「〝厳しさの奥に優しさがある〟上司」という表現になっています。

⑤新しいフレームに当てはまる現実の体験を探す

新しいフレームに現実が当てはまる根拠を、過去の体験から探します。

この方法を使って、橋谷さん（仮名）は「人前に出ると、緊張する」というプログラムに対処しました。

橋谷さんは大勢の前で話をするときにも、聴衆一人ずつの目をしっかりと注目する傾向がありました。本人は、そのことを言葉で表現してはいませんでしたが、同じ注目の仕方を「大勢の人に見られている」と呼ぶ人もいます。

聴衆の目ばかりにピントを合わせて視野を狭くしていると、たくさんの目ばかりが自分のほうを向いていているように感じられます。そのフレームに対して、「緊張する」反応を出していたわけです。

そこで、そのフレームを変えました。

橋谷さんは看護師をしていましたから、患者さんを見るときの注意の向け方は、きっと別の方法だろうと私は想像しました。そして、患者さんを見るときに、どういうサブモダリティに注目しているかを思い出してもらい、その見方で聴衆を見るようにフレームを変えてもらったのです。するとみるみる落ち着きを取り戻し、温かみのある柔らかい表情になっていきました。その後、とある審査でスピーチをした橋谷さんは、見事に審査を通ったとのことです。本人は、「見る」が「看る」に変わったと話してくれました。

2. ポジション・チェンジ

次に紹介するやり方は、サブモダリティを使った手法のように、フレームを直接的に変える方法ではありません。先に紹介したリフレーミングの方法は、サブモダリティを変えることで新しいフレームを作って、その新しいフレームに当てはめて物事を捉えられるようにするやり方でした。

ここで紹介するのは逆です。今まで気づいていなかったことに注意を向けられるようにすることで、今まで使っていなかったフレームが自然と使われるようになることを期待するものです。たとえば、こういうケースです。

「愛想が悪くて、冷たい人だと思っていたのに、残業が大変なときに黙って手伝ってくれた。それ以来、その人に対する評価が変わった」

ずっと、その人の一面に注目して、〝愛想が悪い〟、〝冷たい〟というフレームに当てはめて捉えていたわけです。ところが、残業を手伝ってくれた体験が、〝気遣い〟のフレームに当てはまった。それで結果として、〝愛想は悪い〟が、〝気遣いができる〟人という評価に変わる。以前とは違ったフレームが使われるようになったといえます。リフレーミングが起きたのです。

こうした体験は日常的に起きるものですが、問題のプログラムによって嫌な気持ちを感じている最中には、他のところに注目するのが難しい場合もあります。そこで、役に立つのが『ポジション・チェンジ』と呼ばれる手法です。人間関係において、今まで注目していなかった部分に目が向けられる方法です。簡単な手順ですから、先にやり方を説明しましょう。

①3つの『知覚位置』を設定する

『知覚位置』とは、〝自分〟、〝相手〟、〝第三者〟という三つの立場です。それぞれ、『第一のポジション』、『第二のポジション』、『第三のポジション』と呼びます。一人称、二人称、三人称に対応していると考えてもらっても良いでしょう。

それぞれを空間的に配置します。椅子を二つ向き合わせて置いて、一つの椅子を第一のポジション（自分）、もう一つの椅子を第二のポジション（相手）とします。二つの椅子を横から眺められる場所に立って、そこを第三のポジション（第三者）とします。

②自分の立場で話をする

第一のポジション（自分）の椅子に座って、自分の思いを口にします。目の前の椅子には、相手の姿をイメージします。声に出すと、自分の声を聞くことができますから、より自分の気持ちを整理しやすいものです。

もし、「まぁ、でも……あの人も色々あるから……」などと相手の立場を考える言葉が出てきたら、その内容は後に取っておきます。ここでは、あくまで自分だけの気持ちに専念します。人によっては、相手のことを考えてばかりで、自分の気持ちを充分に把握していないこともあります。その場合には、第一のポジションを充分に体験することも効果的です。

話し終わったら、一度、第三のポジションに出て、気分転換をしましょう。

③相手の立場で話をする

第二のポジション（相手）の椅子に座って、相手になり切って話をします。相手の姿勢、しぐさ、目線、声のトーン、口調などを真似すると、相手の気持ちに近づけることが多いものです。反対側の椅子には、〝自分（あなた自身）〟の姿をイメージして、その相手として話をしましょう。

その人の立場を充分に体験したら、第三のポジションに出て、気分転換をします。

④第三者の立場で話をする

第三のポジション（第三者）に立って、二つの椅子に〝自分〟と〝相手〟の二人をイメージして眺めます。第三者として、二人の関係について思うところを口にします。あくまで客観的なスタンスを保ってください。

⑤第一のポジションに戻って、違いをチェックする

第一のポジションの椅子に座って、相手の姿をイメージします。最初と気持ちがどのように違うかを感じ取ります。

このような流れです。実際に椅子を使って、立場を明確に分けるのがポイントです。

多くの場合、三つの立場の使い方に偏りがあるものです。常に自分の気持ちを大事にする人もいれば、相手のことばかりを考えて自分の気持ちに気づかない人もいます。いつも客観的で第三者のような意見をいう人もいます。それぞれの立場を充分に体験することで、普段の自分があまり使っていない視点から情報を整理できます。

また、気持ちというものは、複雑に入り乱れるものですね。「もちろん自分は辛いけど、相手だって大変なのも分かっている。二人とも大変だから、どうすることもできない……」。三つの知覚位置を同時に考えようとすることさえあります。そのときに、三つの知覚位置を分けて話をすることで、気持ちを整理しやすくなる効果もあるようです。

「〝厳しい〟上司の顔を見ると、委縮する」の例でやってみましょう。

まずは自分の気持ちを話します。

「あの、そうやって大きな声を出されるとビックリしてしまうんです。いつ怒られるかと思うと怖くて……。それで意見が言えないんです。もっと話をしやすい雰囲気で聞いてくれませんか？」

それから気分転換をして、第二のポジションで上司になり切ります。上司の座り方を真似して、「ふんぞり返って、下目づかい」になります。目の前に自分の姿をイメージする。すると、この時点で気づくことがあります。「下目づかいの目線に見えたけど、真似をしてみたら、部屋中を広く見渡している感じがする……。それに、考えごとをしている気もする……」

そのように感じてから、上司の口調を真似して話をします。

「あー。君の話は、要点が分かりにくいんだよ。だから、こっちで話を整理しなくてはいかん。それに、君の報告ばかり長くも聞いていられんよ。皆のことも気になるからな」

このように思ったことを口にしてみる。すると姿勢を真似するだけで声が大きくなりやすいことにも気づきます。

そして第三のポジションから客観的に二人を眺めて、意見をいう。

「こっちの人（自分）は、必要以上にオドオドしているように見えます。上司の人は、基本的に忙しそうです。時間を大切にしていて、しっかりと物事を把握したいように聞こえました。年齢も離れていますから、これぐらい部下のほう（自分）が恐縮していても、まぁ不自然ではないですね」

それから自分の立場に戻って、感想を振り返ります。どんなリフレーミングが起きたか、ということです。

声の大きさに特別な意味はなく、姿勢からすれば自然なことに思えました。

〝厳しい〟上司という意味づけは、〝忙しくて〟、〝職場全体のことを把握したい〟上司に変わりました。その結果、「委縮する」という反応が起きなくなります。〝厳しい〟上司に対するアンカーが使われなくなるからです。

この場合には、「〝忙しそうな〟上司の顔を見ると、手短に用件を済ませたい気持ちになる」というプログラムが使われるようになるわけです。

多くの場合、**問題のプログラムに使われるフレームには、偏りがある**ものです。一部のサブモダリティばかりに注目する癖がついています。苦手なものほど、嫌なところが目につくようなのです。

おそらく、それも嫌なものを避けるためには、効率的な方法なのでしょう。自分にとって不都合な可能性のあるものは、避けておいたほうが安全ですから。言い換えると、嫌なところばかりを強調して注目するのは、身を守るためには効果的な方法でもあるということです。

ただ、社会生活では避けられないことがたくさんあります。だから問題になります。

ここで行った問題の解決法は、そうした偏った注目の仕方をなくして、なるべくニュートラルに捉えられるようにする方法です。一部の偏ったフレームだけを使っていた状態から、他のフレームも使えるようにリフレーミングするわけです。

3. リフレーミングの言葉がけ

言葉によってリフレーミングを引き起こす方法も紹介しておきます。物事への意味づけが変わるような『**言葉がけ**』です。

第4章で、言語とサブモダリティの関係について説明しました。人が言葉を聞いて理解するときには、すべてサブモダリティの組み合わせに変換されているという考え方です。自覚している程度は人それぞれですが、映像や音声を伴ったイメージを作り出すことで、話の内容を理解するわけです。

ですから、言葉の内容によって自然とイメージされるものを通じて、フレームを変えることも可能なのです。

先に紹介した二つの方法はイメージを使ってフレームを変えるものでしたね。それと同じようなプロセスを、言葉だけを使って進める。そうすれば、言葉だけでもフレームが変わります。言葉でリフレーミングができるのです。

具体的に説明しましょう。

ここで紹介するリフレーミングの言葉がけでは、しっかりとフレームに注目します。問題のプログラムにおける基本単位に注目したいのです。

「〜すると、……になる」。ここで問題のトリガーに使われているフレームを変えます。このフレームが変われば、問題の反応が起きなくなります。問題を解決するリフレーミングを言葉によって行う技術です。

●フレームを近い意味に『言い換える』方法

最初は簡単に考えてみます。「〝人前に〟出ると、緊張する」の例を見てみましょう。「〝人前に〟出ると」というトリガーの中から、〝人前〟というフレームを変えます。一つの便利な発想は、〝人前〟を、意味が近くて一般的にポジティブな表現に言い変えるということです。たとえば、〝皆が自分の話を聞いてくれる場面〟、〝先方に自分の提案を聞いてもらえる機会〟、〝同僚から有意義な意見を教えてもらえるチャンス〟などです。

ではもう一つ、先ほどからの例で考えてみましょう。「〝厳しい〟上司の顔を見ると、委縮してしまう」であれば、〝厳しい〟というフレームを変えます。〝厳しい〟を、別のポジティブな意味合いの言葉に変える。〝厳しい〟を、〝真剣な〟とか〝仕事熱心な〟とかに言い換えるのです。

会話を想定してみます。

A：「〝厳しい〟上司の顔を見ると、委縮してしまうんです」
B：「なるほど。〝仕事熱心な〟上司なんですね」

という具合です。

Bさんの言葉によって、Aさんの頭の中には、「〝仕事熱心な〟上司」のイメージが浮かびます。Aさんは上司のイメージに、〝仕事熱心〟のフレームを追加してみることになります。〝仕事熱心〟の特徴を、上司に当てはめようとするわけです。

それによって、Aさんの知っている上司が〝仕事熱心〟のフレームに当てはまれば、Aさんは「〝仕事熱心な〟上司」という捉え方ができるようになる。〝厳しい〟フレームを上司に当てはめていたのが、〝仕事熱心な〟フレームを当てはめるように変わるということです。

ただし、それはあくまでAさんにとって、〝仕事熱心〟のフレームが上司に当てはまったときに限ります。当てはまらなければ、「仕事熱心……？　いや、別に仕事熱心なわけではなくて、厳しいだけなんですよ」と返答されてしまうでしょう。

ここが問題を解決するリフレーミングの言葉がけの注意点です。新しいフレームが実際にその人に当てはまるかどうか。これがカギになるわけです。

だからこそ、『サブモダリティ・チェンジ』と『ポジション・チェンジ』の発想が役立ちます。少し高度な話ですが、問題を解決するリフレーミングの言葉がけを巧みに使いこなす人は、自然とこの発想を利用しているものです。どのように利用するかは、例を使って具体的に説明しましょう。

●サブモダリティに注目する方法

まずは、『サブモダリティ・チェンジ』の発想を利用してみます。ここでも、問題のトリガーに使われているフレームが、事前に明確になっていることを前提とします。

問題となるフレームは「〝ふんぞり返っている体〟の角度」が大袈裟に描かれていて、「〝下目づかい〟にピントが合って、視野が狭い」というものでした。これが〝厳しい〟のフレーム。

それを〝厳しさの奥に優しさがある〟のフレームに変えてみましょう。「視野を少し広げて」、「肩から背中にかけての後ろを白っぽく輝かせる」ようにしたい、と。

ここのポイントは、〝厳しさ〟として強調される部分だけに注意が集まっていることです。この注意を拡げるのが最初です。それから背中に〝優しさ〟の特徴を付け加えます。すると、こんな言葉が考えられます。

B：「なるほど、委縮してしまうのは困りますね。厳しそうな雰囲気が、どうしても目についてしまうんですね。厳しそうだからこそ目のあたりを注目したくなるのかもしれませんが、その人がこれまでに、背中で何かを語るような……奥に秘めた優しさを示していたことは思い当たりませんか？」

少し前置きを入れましたが、リフレーミングそのものは最後の長い一文で引き起こそうとしています。〝目のあたりの注目〟から、〝背中〟に注意を向けるような言葉にしたわけです。それだけで、まず視野が広がります。そして背中に注意を向けたところで、そこに〝優しさ〟が当てはまらないかと聞いています。

思い当たる経験があれば、〝厳しさの奥に優しさがある〟というフレームへと、リフレーミングできたことになります。思い当たらなければ、別の方法を考えればいいだけのことです。

●知覚位置に注目する方法

『ポジション・チェンジ』の発想は、気づいていなかったことに注意を向けていくところにあります。問題を解決するリフレーミングの言葉がけとして、一つには、まさにポジション・チェンジのように質問をしてみる方法があります。

Ａ：「〝厳しい〟上司の顔を見ると、委縮してしまうんです」
Ｂ：「なるほど。その方は、Ａさんに何を期待しているんでしょうね？」
Ａ：「あぁ、もしかすると要点をまとめて報告してほしいのかもしれません」

……という具合です。会話を通じてポジション・チェンジをするような形です。
もう一つは、上司の立場の意見を追加することで、リフレーミングを意図するやり方です。

Ｂ：「なるほど、厳しい上司なんですね。思ったんですけど、期待すらしていなかったら厳しくすることもないんじゃないですか。期待があるからこそ、厳しく要求するものじゃないでしょうか」

などですね。
別の例として挙げた「〝人前に〟出ると、緊張する」に対しても、『相手の立場（第二のポジション）』を追加することができます。

Ｂ：「ちょっと想像してみてもらいたいんですが、同じ会場に誰も聞きに来ていなかったらどうでしょう。そもそも誰も聞くつもりなんてない状況です。あるいは、席に座っている人が全員、雑談をしている。そう考えると、多くの人があなたのことを見ているというのは、あなたの話を聞こうとしてくれているからじゃないでしょうか。一生のうちで、大勢が自分の話を聞こうとしてくれる機会なんて、多くないものだと思います。ありがたい機会のような気もしますが、いかがでしょう」

このように、本人が気づいていなかった部分に目を向けるような言葉をかけることで、相手にリフレーミングが起きることを期待する方法です。どうしても言葉がけは長くなりがちです。根拠になる情報を伝えるためです。

〝厳しい〟を、単純に〝期待している〟と言い換えるよりも、「期待していなかったら厳しくしないんじゃないですか」と比較対象になる情報を追加するほうが、〝期待している〟のフレームに当てはめやすいだろうということです。

サブモダリティ・チェンジやポジション・チェンジの発想を利用した言葉がけを使いこなすには、その前にそれぞれの技術を何度も体験しておくのが良いでしょう。相手がイメージの中の何に注目しているのかが分かりやすくなるでしょうから。

ここでも、まずは問題となっている自分のプログラムをリフレーミングしてみてください。最初は簡単な**『言い換え』**からで結構です。

自分の問題を「〜すると、……になる」の形に整理する。そして「〜すると」というトリガーに使われているフレームを言い換えてみるわけです。〝厳しい〟を〝期待している〟、〝人前〟を〝大勢が話を聞いてくれる機会〟といった具合です。それで、どんな言い換えがシックリくるかを実感してみてください。イメージを思い浮かべながらやると、さらに効果的です。シックリくる言い換えと、イメージとの関係が見えてくると、リフレーミングの言葉も選びやすくなるはずです。

ここまで、リフレーミングによってプログラムを変える方法を説明してきました。使われるフレームが変わった結果、「〜すると」というトリガー自体が別物になる。それによって、問題の反応が起きなくなる。そういう方法です。

いずれの方法でも、リフレーミングが起こったときには、イメージの中のサブモダリティが変わります。別のフレームに対応するサブモダリティが使われるようになるのです。その結果、実際の場面でも、そのフレームに当てはめるように物事へ注目するようになります。今まで見ていなかったところに注目するようになる。

狭い視野で見ていた人が、文字通り「視野が広がる」経験をする場合もあります。明るさを含んだフレームが使われるようになれば、世界が明るく見えることもあります。

フレームを変えれば、見えるもの、聞こえるもの、感じられるものが変わってくるのです。大袈裟にいえば、フレームを変えると、世界が変わるということです。

■ビリーフを変える

アンカーを変える方法、フレームを変える方法（＝リフレーミング）、……両方とも、問題となるプログラムの基本単位にアプローチしています。問題のプログラムを変えることで、問題そのものをなくして解決する方向性です。

一方で、そのプログラムの基本単位を「問題」と捉えるために使っている別のプログラムもあります。ビリーフ（チャンクアップされたプログラム、個人の経験則）ですね。同じプログラムを持っていても、問題と捉える人と、問題だと思わない人がいます。その違いがビリーフにあるわけです。ですから、ビリーフを変えることでも問題に対処できるのです。

ビリーフを変えるアプローチにも、二通りの方向性があります。

問題がなくなって解決される方向性と、問題が気にならなくなる方向性です。

それぞれ手法が異なります。どちらの方向性でアプローチしようとしているのかを自覚できるためにも、整理しておくことをお勧めします。
まずは、問題が気にならなくなる方向性からです。

１．問題が気にならなくなるリフレーミング

プログラムの基本単位「〜すると、……になる」を問題と判断するときに使うビリーフ。これに注目します。このビリーフの中身と、ビリーフの聞き出し方については後ほど説明しますが、その前に一つ確実なことがあります。

それは、「〜すると、……になる」ことを『**問題**』と捉えるフレームがある、ということです。「……になってしまう」という言い回しには、「それが問題だ」という前提があるといえます。大まかに解釈すれば、『問題』というフレームがあって、そのフレームに当てはまるから、そのプログラムが問題と感じられるわけです。

それなら、『問題』のフレームに当てはめているものをリフレーミングすれば良いという発想です。

『問題』以外のフレームであれば何であっても構いません。別のフレームに変わった結果として、問題だったものが気にならなくなります。問題を〝チャンス〟と解釈するような発想でも構いませんし、〝大したことはない〟、〝普通だ〟という解釈に繋げても良いでしょう。結果として、「気にならなくなる」のが狙いです。

例を使って説明します。

「厳しい上司の顔を見ると、委縮してしまう」の場合、「厳しい上司の顔を見ると、委縮する……それが問題だ」と解釈できます。そこで、そのプログラムは問題ではない、と伝えるようなリフレーミングの言葉をかける。それによって「厳しい上司の前で委縮するのも、まぁいいか」と思えるようにする方向性です。

一つのリフレーミングの発想は、**『その反応そのものが役に立っている可能性』**を考える方法です。

「その姿勢は礼儀正しい態度として、目上の人に対しては大切なものだと思います」とか、「上司に対して余計なことを言わないから、厄介なことも起きにくいでしょう」などです。

あるいは、**『価値観』**に目を向けた言葉も考えられます。〝その問題で、可能であれば何を大切にしたいのか？〟と考えるわけです。

「厳しい上司の前でも堂々としていたいというのは、向上心の表れでしょうね」「穏やかな人間関係が好きなんでしょうね。優しい人なんだろうと思います」「自分らしさを大切にされているんでしょうね。きっと、あなたらしさはさまざまな場面で表れているでしょうから、その上司にも伝わっているかもしれませんよ」といった具合です。

他には、**『時間』**の観点で見方を拡げることもできます。

「部下としての苦しみを知っているあなたは、将来、素晴らしい上司になるような気がします」
「一〇年後、二〇年後に、この時期の経験を振り返ったとき、どんなことを感じるのでしょうね？」。

いかがでしょうか？　言われた相手は気が楽になる。あまり問題が気にならなくなる。そういう効果のある言葉がけです。『問題』のフレームに当てはめていたものが、別のフレームに当てはまるようにアプローチをしているわけです。

繰り返しますが、このタイプのリフレーミングでは、問題となっていたプログラムは残ります。「厳しい上司の顔を見ると、萎縮する」ことは続くはずです。

気楽になれることは、非常に大きなサポートではあります。私もよく使う技術ですし、こうした言葉に救われた経験も多々あります。しかし、本当に解決したい問題もある。問題のプログラムを変えたい場合もあるのです。そのことを理解した上で、問題が気にならなくなるリフレーミングを使えると望ましいでしょう。

2．問題の根拠となるビリーフを特定する

問題が気にならなくなる方向性であれば、ビリーフを特定する必要はありません。今、紹介した通りです。そのプログラムの基本単位を『問題』と捉えるフレームが使われていること。それ

さえ分かれば、リフレーミングの言葉を考えることができますから。

一方、次に紹介する技術ではビリーフを特定する必要があります。

こちらは問題のプログラムが解決される方向性を意図したものです。『問題』と判断するときに使われるビリーフを変えることで、間接的にプログラムの基本単位が変わる。そのためには、まず変えるターゲットを特定する必要があります。問題を判断するのに使われるビリーフを把握して、そのビリーフを変えるようにアプローチするわけです。

ですから先に、ビリーフを質問によって聞き出すプロセスを解説しましょう。それから、そのビリーフを変える手法を説明します。


これまでと同様に「厳しい上司の顔を見ると、委縮する」を例に使います。第5章で説明した話を少しだけ振り返りましょう。

出発点は「できない」です。ここでは、「上司に言いたいことを言えないんです」でした。そこからトリガー（〜すると）を明確にして、「厳しい上司の顔を見ると」が分かりました。

そして「言いたいことが言えない」の中身を明確にしました。「言えない」状態には色々な種類が考えられますから、〝言えない代わりに、どんな反応になっているのか〟を特定したわけです。それが「つい調子を合わせたまま、〝ハイ、ハイ……〟と話を聞き続けてしまう」でした。

それから、映画のフィルムで続きの二コマ分を把握するようにして、「厳しい上司の顔を見ると」から「話を聞き続けてしまう」までの間を埋めました。それが「委縮する」です。繋げると「厳しい上司の顔を見ると委縮する。委縮すると、話を聞き続けてしまう」このような流れです。

ここから質問をして、ビリーフを特定します。

①プログラムに対する意味づけを聞く：「そのことが、どのような意味になりますか？」

まずは、『このプログラムを、どのようなフレームに当てはめているか』を聞きます。『問題』という大まかなフレームにも当てはまっていますが、もっとチャンク・ダウンしようということです。〝能力がない〟と捉えているかもしれないし、〝情けない〟かもしれません。〝気が弱い〟かもしれないし、〝自分らしくない〟かもしれません。どのような意味のフレームに当てはまっているかを質問によって把握します。

そのための質問は、「そのことが、どのような意味になりますか？」です。このケースでは、

「厳しい上司の顔を見ると、委縮することが、どのような意味になりますか？」

となりますね。ビリーフを把握するときに使われる形の一つです。

もう少し日常的な言葉にするなら、「そのことを、どう思いますか？」と聞いても良いでしょう。

重要なのは質問そのものではなく、返ってくる答えの形です。知りたいのは、〝能力がない〟、〝情けない〟、〝自分らしくない〟といった意味づけです。

ここでは、次のような返答が返ってきたことにします。

「そうですね……、厳しい上司の顔を見ると委縮するなんて、〝まだまだ〟だなぁと思います。まだ〝能力が足りない〟と感じます」

これで〝能力が足りない〟というフレームに当てはめていることが分かりました。

②問題と捉える根拠を聞く…「そのことが、どのように問題になりますか?」

次は、そのプログラムが問題となる根拠を聞きます。ここで返ってくる答えが、プログラムを問題と判断するための『根拠になるビリーフ』です。

ここまででは、相手の口から直接的に「問題」という表現は出ていませんが、「問題」の話をしているのは前提ですね。そこで、メタモデルの『前提』に対する質問のパターンを使います。「どのようにして、それが問題だと分かりますか?」です。NLPでよく使われる同様の質問としては、「そのことが、どのように問題になりますか?」というものもあります。どちらを使っても構いません。

ここでも重要なのは、相手からの返答です。そのプログラムを問題だと捉える根拠を聞けるかどうか、です。必ずしも真実とはいえない法則のような答えが返ってきたら、それが根拠となるビリーフです。

ここの例では、

「厳しい上司の顔を見ると委縮することが、どのように問題となりますか？」

と聞きます。それに対して、

「それは……、そんな状態だと、低く評価されてしまうじゃないですか」

と返ってきたとしましょう。

「厳しい上司の顔を見て委縮する状態だと、低く評価される」

根拠を教えてくれていますね。これがビリーフです。

③ビリーフの確認をする：「〝○○だと、△△になる〟といった考えがありますか？」

この二つの質問で、ほぼ必要な情報は得られていますが、念のため確認をしましょう。二つの答えを組み合わせた表現を作り、それがビリーフとして適切かを確認するわけです。

ここでは、〝能力が足りない〟のフレームに当てはめていました。そして、「低く評価される」が根拠です。両方を組み合わせます。「能力が足りないと、低く評価される」。これがビリーフとして適切な表現かどうかを確認するのです。

「それでは、〝能力が足りないと、低く評価される〟といった考えがありますか？」

この質問に同意してもらえるようなら、このビリーフが問題と判断する根拠になっているといえます。

ビリーフを把握する質問のプロセスをまとめておきましょう。

①「そのこと（プログラムの基本単位「～すると、……になる」）が、どのような意味になりますか？」
②「そのことが、どのように問題になりますか？」
③「では、〝○○（①の答え）だと、△△（②の答え）になる〟といった考えがありますか？」

3. 問題の根拠となるビリーフを変える（「スライト・オブ・マウス」）

ビリーフが特定できたところで、ビリーフを変える技術をいくつか紹介しましょう。ここではビリーフが変わる、もしくは弱まるタイプの言葉がけを解説します。

もちろん、イメージの中でサブモダリティを変えても、ビリーフを変えることはできます。ですが、その技術を紹介すると少し手順が込み入ってきますから、シンプルで使いやすい言葉のパターンを紹介することにします。おそらく、これまでの質問を用いた会話の流れと、スムーズに繋がる方法だと思います。

ここで扱おうとしているビリーフは、問題の根拠となっているものです。喩えていうと〝理由づけ〟のようなものです。「〜すると、……になる」。この**因果関係の理由を説明しているのがビリーフ**。だから、理由の説得力が下がると、因果の繋がり自体も弱まっていく。……そのようなストーリーです。

ここでは、ビリーフを弱めたり変えたりするための方法として、『**スライト・オブ・マウス**』と呼ばれる言語パターンの一部を紹介します。

例としては、先ほど明確にした「能力が足りないと、低く評価される」を取り上げます。これが「厳しい上司の顔を見ると、委縮する」プログラムを問題と判断するときの根拠になっています。

●**反例**：「そうではなかったことは、一度もありませんか？」

ビリーフは数多くの体験が一般化されて作られた、その人にとっての法則やルールのようなものともいえます。しかし、すべての体験が、その法則に当てはまるわけではありません。必ず例外があります。それを指摘することで、ビリーフを弱めようという発想です。言い方としては、

「そうでなかったことは一度もありませんか?」となります。

「能力が足りなかったのに、低く評価されなかったことは一度もありませんか?」

この質問に対する答えを見つけると、「必ずしもそうではないか……」という方向へビリーフが緩みます。根拠が薄れる結果として、問題となっていたプログラムそのものの反応も弱まると期待されます。

●世界のモデル:「○○の場合には、そうでないこともあると思います」

『反例』が、本人の経験からビリーフに当てはまらないケースを探すのに対して、『世界のモデル』では、ビリーフが当てはまらないケースを別の人や別の場面から探します。

たとえば、

「西村さんは(能力以上に)人柄で、皆から高く評価されている人だと思いませんか」

などです。

〝世界中には、その考えが当てはまらないケースもある〟と指摘するわけです。また、この例では〝仕事〟という状況設定がありますから、それを〝家族〟の場面に移しても良いでしょう。「親は心の底で、子供の能力とは無関係に、その子供のことを大切に思っているものじゃないでしょうか」

このようにして「能力が足りないと、低く評価される」というビリーフに当てはまらないケースを指摘して、ビリーフを緩めることを意図した方法です。

●結末：「そのような考えを持っていると、いずれ○○になってしまうのではないですか」

そのビリーフを持ち続けた『結末』として起きる可能性を指摘します。この場合、ビリーフを弱める目的ですから、否定的な結末を指摘することになります。それによって「考えを改めたほうが良いかもしれない……」という方向へと導きます。

「〝能力が足りないと、低く評価される〟という考えをお持ちのようですが、その考えをずっと持っていたら、いつまでも他人からの評価ばかりを気にして、好きでもないことまで努力を続けることになるのではないですか？」

これによって、「評価を気にして委縮する必要なんてないか……」という方向へプログラムを変えようという発想です。

●別のアウトカム：「そのことよりも、○○のほうが重要ではありませんか」

〝アウトカム〟とは結果のことです。ここでは〝求めている結果〟と理解してもらうと分かりやすいと思います。「あなたは、こっちを求めているようですが、本当に重要なのは、そっちではないですか」という発想です。

この例では、「低く評価される」ことを気にしています。〝評価〟がアウトカムになっているわけです。そこで、〝評価〟よりも重要な別のアウトカムがあると指摘します。

「どのように評価されるかよりも、どんな場面でも、あなた自身が自分のことを信じられるかのほうが重要ではないでしょうか」

といった形です。

ここでも「評価を気にして委縮する必要なんてないか……」という方向に進むことが期待されます。場合によっては、「そうだ、能力が足りないときは、自分で自分を信じよう！」と発想が変わるかもしれません。いずれにしても、「委縮する」根拠が弱まることになります。

ここまでは、スライト・オブ・マウスの一部のパターンを使ってビリーフを変える方法を説明してきました。最後に、スライト・オブ・マウスではありませんが、比較的よく使われるパターンを紹介します。

●「～だからこそ、逆に、○○になれるのではないですか」

ここで扱っているビリーフも「～すると、……になる」という因果の形をしています。この因果とは真逆の発想を指摘するやり方です。「……になる」の部分が『問題』の根拠となっています（この場合、〝低く評価される〟）から、これを逆に『チャンス』の根拠に変えるのです。

分かりやすい例は、「自信がないから、始められない」に対して、「自信がないからこそ、始められるんでしょう」という形です。もう少し情報を追加しても良いですね。「自信がないからこそ、とにかく、できる範囲だけでも始めていって、少しずつ自信をつけていくものじゃないですか」と。このように、発想が逆転するような言葉がけのパターンです。

『反例』の場合には、「自信がなくても始めた」体験を一つ聞き出します。仮に「自信がないから、始められない」を一〇〇パーセント信じていたとすると、一パーセントの例外を指摘することで、信じられる根拠は九九パーセントに減ることになりますね。これが『反例』でビリーフが〝弱まる〟理由です。

一方、こちらのパターンでは「自信がないから、始められる」を一〇〇パーセントにする発想を指摘しているといえます。そこで役立つのが「だからこそ」という表現です。結果的に「自信がないから、始められる」を一〇〇パーセント信じるかどうかは定かではありませんが、真逆の発想を取り入れることで、一気にビリーフを緩める効果が期待できます。

「能力が足りないと、低く評価される」の例に戻るなら、

「能力が足りなかったからこそ、将来、大きな成長を遂げたときに、その成長の幅までが高く評価される理由に追加されるんじゃないでしょうか。今、能力が足りないことこそが、将来の評価をさらに高くするとも考えられませんか」

といった形になります。発想を逆転しているわけです。

以上のように、パターンによってビリーフの変わり方には違いがありますが、どのパターンでもビリーフは変わります。問題としていたプログラムを〝能力が足りない〟というフレームに当てはめることになっても、評価を心配しなくなる。この部分は共通しているのです。中には、チャンスと捉えるようになる場合もあるかもしれません。

それまで「厳しい上司の顔を見ると、委縮する」反応をしていた理由が変わったのです。低く評価される可能性を予測して委縮していたものが、別の可能性を思い浮かべるようになって、反応の出方が変わるのです。〝委縮する〟反応が弱まるものもあれば、〝ヤル気〟や〝工夫〟の反応

が出るようになる場合もあるでしょう。

ビリーフを変えることで、「厳しい上司の顔を見ると」というトリガーに対する反応も一緒に変わるという説明です。

ということで、この章ではプログラムを変える方法を紹介してきました。最後に、全体を簡単にまとめておきましょう。

プログラムを変える方向は二種類です。

１、問題のプログラムそのものを変えて、問題をなくす（解決する）
２、プログラムそのものは変えずに、問題が気にならなくする（解消する）

問題を解決する方法としては大きく三通りあります。

１、アンカーを変える
２、フレームを変える
３、ビリーフを変える

アンカーを変えると、「〜すると」というトリガーが同じままで、引き出される反応が変わります。問題の反応が起きなくなることで問題が解決します。技術としては、『コラプシング・アンカー』と『スウィッシュ・パターン』を紹介しました。

フレームを変えると、「〜すると」というトリガーが変わります。結果として、それに伴う反応も違ったものが出るようになります。問題の反応とは別の反応が引き出されるので、問題が解決します。この方法をリフレーミングと呼んでいます。具体的な技術として、『サブモダリティ・チェンジ』、『ポジション・チェンジ』を紹介しました。また、言葉によってリフレーミングする方法も説明しました。

ビリーフを変えるときには、まず問題のプログラムの根拠となるビリーフを特定します。「〜すると、……になる」の理由となっているビリーフを特定するわけです。そして、ビリーフを変えると、その理由が変わります。「……になる」という反応を引き出す理由が弱まる結果として、今までの反応が起きなくなる。そういう流れでした。ビリーフを変える方法としては、『スライト・オブ・マウス』を中心に説明しましたね。

そして、問題が気にならなくなる（問題を解消する）方向性として、プログラムを『問題』と捉えるフレームを変える方法を説明しました。これもリフレーミングの一種ですが、こちらは問題が気にならなくなるリフレーミングだといえます。問題となっていたプログラムそのものは残りますが、そのプログラムが気にならなくなって問題ではなくなるわけです。

少し角度を変えた言い方をすれば、

問題のプログラムを変えて解決する方向性は**「自分の好きな自分になる」**方法、
問題のプログラムが気にならなくなる方向性は**「今の自分を好きになる」**方法、

といったところでしょうか。

このようにして、ＮＬＰを使うとさまざまな角度からプログラムを変えることができます。プログラムを変えるための手法は他にもたくさんありますが、本書ではプログラムの構造と直結した方法を中心に紹介しました。さらにＮＬＰは、すでにあるプログラムを変えるだけでなく、新たにプログラムを作る目的でも使えます。また、すでにあるプログラムを上手く使いこなす方法も教えてくれます。最後の第７章では、そうしたＮＬＰの別の側面を紹介しましょう。

第7章

プログラムを応用する

NLPでプログラムを扱うときには、これまでの章で説明してきたように、「プログラムを変える」ことが中心となります。プログラムを変えることで得られる効果については最後にまとめますが、第7章ではもう少し応用的な内容も紹介してみたいと思います。

一つは『**プログラムを作る**』という発想です。

第6章までに紹介してきたのは、「これまでに自分の中にあって、上手くいっていないプログラムを変える」内容でした。そのために、第1章で「できない」を選ぶことから始めました。「できない」は三種類に分類できるという話です。1．知らないから、できない。2．上手くないから、できない。3．分かっているのに、なぜかできない。

一つ目の「知らないから、できない」は知識の問題です。専門家に相談したり、本やインターネットで調べたりすることで対処できます。

一つ飛ばして三つ目、「分かっているのに、なぜかできない」がプログラムの問題でした。これが第６章までの中心でしたね。その「できない」プログラムの中身を第２章と第３章で解説して、第４章と第５章では「できない」からプログラムの基本単位を見つける方法を説明しました。そして第６章で、プログラムの基本単位を変える方法を紹介しました。

次に紹介するのは、三種類の「できない」の二つ目、「上手くないから、できない」をＮＬＰでどう扱うかという内容です。「上手くないから、できない」のは、〝技術が足りない〟とか〝腕が悪い〟といった意味です。一般的にはインストラクターや師匠から指導を受けて、トレーニングをするところです。

ＮＬＰには、それ以外の方法があります。上手くいっている人のやり方を真似るのです。もちろん、すべてをそのまま真似するのではありません。真似を通じて〝上手くいくエッセンス〟を学ぶわけです。ＮＬＰでは、これを**モデリング**と呼びます。真似を通じて学べばモデリングと呼ばれますから、広い意味の言葉だといえます。ですから本書では特に、上手い人のプログラムを分析するという側面に絞ってモデリングを解説します。上手い人のプログラムを学び、そのプログラムを自分の中に作っていくわけです。

この章で紹介するもう一つの内容は、**『プログラムを理解して、応用する』**という発想です。第6章までに紹介してきたプログラムの基本単位は、行動や感情的反応として使われているものです。一方で、もっと人生全般に関わるようなプログラムもあるのです。第4章で説明した**『価値観』**は、その一つです。こうしたプログラムが、人生全体に対する態度や、幅広い局面での行動の傾向などと関連しています。

自分の傾向を知っていれば、得意な作業も分かってくるでしょうし、今まで上手くいっていなかったことも別の方法で対処できるようになるでしょう。相手の傾向が分かれば、その相手に合わせて対応を工夫することもできます。当然、その傾向を応用して、目標達成に活かしたり、悩みに対処したりすることもできるわけです。

では、概要はこれぐらいにして、具体的な内容に進んでいきましょう。

■ストラテジーをモデリングする

まずは「上手くないから、できない」に対するNLPのアプローチを紹介します。モデリングです。

先ほども触れましたが、モデリングとは「上手くいっている人のやり方から学ぶ」方法です。

誰から何を学んでも構わないのです。一流のアスリートから、そのスポーツの技術を学んでも良いですし、その人の生活習慣を学んでも良いのです。考え方を学ぶことだってできます。

あくまで、どこに注目するかの違いです。言い換えると、何かの『**方法**』を学ぶということです。そして、その方法を自分で取り入れて、繰り返し練習して、自分のプログラムに取り入れていくわけです。

ここには重要なポイントがあります。何かを上手くやる方法は一つではありません。他人から見ると同じように「上手い」と思える人たちでも、本人がどんなプログラムを使っているかは同じとは限らないのです。

たとえば、プロゴルファーに目を閉じてボールを打ってもらうとします。すると、普段と同じように打てる人もいれば、まったく打てなくなってしまう人もいる。目を開けているときには、全員が一流の技術を持ったゴルファーなのに、目を閉じると、一部の人はパフォーマンスが一気に落ちてしまうのです。同じような道具で、同じようにボールを打つ作業ですが、使っているプログラムが人それぞれで違うということです。

目を閉じるとボールが打てなくなってしまう人は、ボールを打つとき、目からの情報に頼っていると考えられます。目とボールの距離を保つことでスイングを安定させているのかもしれませんし、クラブヘッドの通り道をイメージしてボールを打っているのかもしれません。逆に、目を閉じてもボールが打てる人は、普段から体の動きを感じてスイングをコントロールしているのかもしれません。

同じ作業を上手くやる方法は、一つではないのです。ですから、モデリングをするときには自分に合った方法を取り入れるのが一つのコツになるでしょう。

それでは、どうやってモデリングするかという説明に進みます。

簡単なモデリングの方法は、とにかく自分でモノマネをしてみることです。そして、自分のやり方との違いを探す。そこから使えそうなものを取り入れる。これだけです。

ポイントは、自分との違いから気づきを得るところにあります。それが真似をしたい相手の意図と合っているかどうかは問題ではありません。結果的に、自分に役に立つものが得られるかどうかのほうを重視してください。

例として、私が野球のイチロー選手をモデリングした体験をお伝えします。真似した行動は、バッターボックスで行われる独特の〝儀式〟です。野球少年なら誰もが一度は真似をする、あの動作ですね。右手に持ったバットを一周させ、ピッチャーのほうに右腕を出してバットを立てる仕草です。

やるからには正確に真似をします。姿勢、重心位置、力感、目線……、とにかく正確に模倣できるほど、得られる情報が増えます。やってみて私が感じたのは、「狙いを定める感じ」でした。

射撃やアーチェリーで照準を合わせたり、ビリヤードで狙いを定めたりするときと似た印象です。そこから気づいたのは、「何かを合わせている」のではないかということです。どんな野球場でも、バッターボックスの真正面にはバックスクリーンがあります。バッターボックスの中で立つ位置を決め、バックスクリーンのどこかとバットを合わせる。推測ですが、そうやって構えを一定にしようとしているのかもしれません。

いつも同じ場所に、同じ向きで、同じように構える。そうやって一定の基準を作ることで、ミスを修正できるようにしているのではないか？　構えが曲がっていたのに、スイングが悪かったと勘違いして修正してしまったら、余計におかしくなってしまう可能性があります。常に同じことをするのは、ミスを正確に区別するための基準を作るためではないだろうか、と考えました。あくまで私の考えですが、そこに長く安定した好成績を残せる秘密があるのかもしれません。

もちろん、本当かどうかはイチロー選手本人に聞いてみないと分かりません。しかし、モデリングの目的として重要なのは、そこから**学びを得る**ところにあります。

このモデリングを通じて私は、基準を把握しておくことの大切さを強く実感しました。セミナーをやる場合でも、カウンセリングの場合でも、その時点での自分の状態を把握するようにしています。体のどこに重さがあるか、頭の冴え具合はどうか、気分や感情はどうか。その状態をベースとして、自分のコミュニケーションをチェックするわけです。仮に、目が疲れて重かったとしたら、普段よりも観察力が落ちている可能性があります。それを事前に把握しておくことで、普段よりも注意深く観察しようと心がけることができます。終わってから振り返るときにも、普段より観察できていなかった可能性を踏まえて反省点を探せます。

結果的には野球とまったく関係ないところで、モデリングが役に立っているのです。


模倣から気づきを得るだけでも役に立つものですが、本書の趣旨はプログラムを扱うところにあります。それも〝神経言語〟でプログラムを説明したいのです。モデリングも〝神経言語〟のレベルで行うことができます。モデリングをしたプログラムを、五感の情報で説明するということです。

この場合、「プログラムの基本単位が、どのように繋がっているか」を調べることになります。プログラムの基本単位が映画のフィルム二コマ分だとしたら、それを五コマとか一〇コマ続けて把握するわけです。

このように、五感の情報で説明されるプログラムの繋がりを**『ストラテジー』**と呼びます。ある程度の時間経過が含まれてきます。何を見て、何を聞いて、何を感じているか。その注意の向け方を、順番として把握するのです。視覚、聴覚、体感覚として、「どこに、どのように注意を向けているか」というサブモダリティのレベルで捉えるようにします。

繰り返しますが、五コマ分とか一〇コマ分の続きを把握しますから、コマが飛んでしまわないように気をつけるのがコツです。

実際に私が調べたストラテジーを紹介しますので、まずは発想だけでも理解してみてください。

1．絵が上手い人のストラテジー

絵の描き方のストラテジーには、大きく分けると二通りがあるようです。

一つは「全体を描かずに、部分を積み上げていく」方法。もう一つは、「紙の上に絵を投影するようにイメージして、そのイメージをなぞる」方法です。

二つ目の方法は、紙の上に絵を鮮明に映し出すだけのイメージ力が求められますので、誰にでもできるやり方として、一つ目の「全体を描かずに、部分を積み上げていく」方法をストラテジーで説明します。

まずは比較のために、絵が苦手な人に良く見られるストラテジーを先に紹介します。ここでは、スケッチやデッサンのように、対象物を見ながら絵を描くものとします。仮に、椅子の絵を描くとしましょう。

絵が苦手な人の多くは……

「椅子を見る↓〝椅子だ〟と認識して、自分の中にある椅子のイメージを思い浮かべる↓そのイメージを紙の上に再現するように手を動かす↓大部分を描いたら実物を見る↓〝椅子だ〟と認識して、椅子のイメージを思い浮かべる↓（繰り返し）」

といった順序で進みます。場合によっては、〝椅子の脚〟、〝椅子の背もたれ〟、〝椅子の座面〟などと部分ごとに描いてから実物と照らし合わせることもあります。

ここでカギになるのが、〝椅子〟全体や、〝椅子の脚〟というように、意味のある『**まとまり**』を認識しているところです。つまり、**〝椅子〟のフレーム**が使われている。頭の中にある典型的な〝椅子〟のイメージを使って、「椅子だ」と認識します。その段階が含まれることで、頭の中で捉えている〝椅子〟は、絵の対象物として置かれている実物の椅子ではなくて、典型的な〝椅子〟のイメージが混ざり込んだものになってしまうのです。

手を動かすときも、〝椅子の脚〟、〝座面〟などと意味のある部分を描ききるまではチェックすることなく、一気に描き進むことになります。

そして、絵と照らし合わせてチェックする対象にも、頭の中の〝椅子〟フレームが使われます。描いた絵を、〝椅子〟の典型的なイメージに当てはめるようにして見ますから、「椅子らしく見えるかどうか」というチェックの仕方になるようです。

まとめていうなら、対象物として置かれている実物の椅子を、ほとんど見ていないのです。

一方、絵が得意な人は（全体を描かずに、部分を積み上げていく方法）……

「椅子を見る→描き始める部分に注目する→線の長さと角度をイメージする→線を引く→次の線

の長さと角度をイメージする↓線を引く↓二本の線の関係を、実物の線と角度に照らし合わせる↓ズレを調整する↓次の線の長さと角度をイメージする↓（繰り返し）」

というように、コツコツと線を積み重ねていきます。線の長さの比率と角度を、紙の上に再現するのです。そうやって部分が集まっていくと全体像が描かれるという仕組みです。

〝椅子〟を描こうとはしていないのです。頭の中にある典型的な〝椅子〟イメージを見ないために、そのイメージに影響されることがありません。

また、線の長さの比率と角度に注目するため、線を一本引くたびに、実物と見比べてチェックをすることができます。ズレを修正するタイミングがたくさんあるわけです。

つまり、このストラテジーを利用して絵を上手く描くコツは、「そのものを描こうとしない」ところにあるのです。実際、絵画の練習方法としても、対象物を上下さかさまに置いて、「そのもの」として認識しないようにするやり方もあります。あるいは、「そのもの」ではなくて、余白の空間の形を描く方法もあります。いずれにしても、既存のフレームに当てはめないようにする工夫だといえます。

絵が苦手な人が、頭の中にある典型的なイメージ（フレーム）を描こうとすると説明しましたが、逆にいえば、その絵にこそフレームの特徴が表れているという意味でもあります。フレームはサブモダリティの組み合わせで作られていて、部分的に強調されていることがあります。注目すべき部分を強調するように作られているのです。

たとえば、小さな子供にとっては人の顔が重要なものです。人の全体像を捉える経験の量よりも、顔を見ている経験の量が多いでしょうし、感情的な反応が引き出されるキッカケとしても顔の表情に注目しやすいはずですから。顔や目に注目した経験が中心になるために、フレームにおいても顔や目が強調されているわけです。だから、小さな子どもの描く絵は、顔ばかり大きくなりやすいということです。

2. 速読のストラテジー

世の中には色々な速読術があるようですが、ここで紹介するストラテジーは自然と速読をしていた人たちにインタビューして調べた内容です。先ほども説明したように、同じ結果を出すストラテジーは一つではありません。あくまでも一つの方法として紹介します。

「本のページ全体を視野に入れる→意味の分かる範囲（一文節など）にピントを合わせて眺める→次の範囲に目を移す／一つ前の範囲の内容が頭の中に浮かぶ→（繰り返し）」

視野を配分するのは、一つのコツのようです。

全体を先に見ておく視野の使い方と、読みたい部分を見るための視野の使い方とを分けるのです。ただし、これは高度な技術です。

むしろ欠かせないのは、「意味の分かる範囲にピントを合わせて眺める」段階です。

たとえば、「おはようございます」ぐらいであれば、一文字ずつ「お・は・よ・う・ご・ざ・い・ま・す」と読まなくても、見た瞬間に「おはようございます」と書かれているのが分かりますね。一瞬パッと目をやっただけで、「おはようございます」は捉えられるわけです。

この範囲が人によって違います。

その意味では、速読のために鍛えると効果的なのは、『一目見て、何が書いてあったかを思い出せる文字の量を増やす』ことでしょう。それが一単語の人もいれば、一文節の人も、一文全体の人もいます。あるいは三行ぐらい一気に捉えて、その内容を思い出せる人もいるわけです。

そのように一目見て、何が書いてあったか思い出せる範囲であれば、見た瞬間に頭の中に情報が飛び込んでくる感じがあるはずです。人によっては「文字がスーッと頭に入ってくる」とも表現しますし、「四倍速ぐらいの声として聞こえる」と表現する人もいます。自分が心の中で声に出して読みあげているというよりも、「受動的に情報が入り込んでくる」印象が出てくると効率的なようです。

当然ですが、一目見て何が書いてあるか分かる範囲よりも広く見てしまうと、「入ってくる」感じがなくなってしまいます。そうなると理解力は低下しているかもしれません。

そして、意味の分かる範囲を眺めたら、すぐに次の範囲に目を移します。情報が入ってくるのを待つのではなく、先に目を動かすのです。それでも後から情報が入ってきます。これを繰り返すことで本を読み進めていくということです。

まとめると、一度に情報を把握できる最大の範囲を眺めて、間を開けずに次の範囲に目を移す、という流れです。

以上のように、本人の主観的な五感の使い方として「何に、どの順番で」注意を向けているかがストラテジーです。上手くいく人が、主観的にどのような体験をしているのかを、五感の情報として詳しく細かく把握する方法です。映画のフィルムで連続した五コマ分とか一〇コマ分を描くように調べるのです。そして、その流れを自分でもやってみる。

慣れない作業ですから練習は必要になりますが、上手い人は、自分がまったく予想もしなかったような注意の向け方をしていることがあります。そこを意識するだけでも、劇的にパフォーマンスが変わる可能性があるわけです。

ただし、上手い人に詳しくインタビューする必要がありますから、それほど気軽にできるものではないかもしれません。その意味では、自分のストラテジーを分析するのがお勧めです。自分が上手くできているときのストラテジーを調べて、上手くいかないときのストラテジーも調べる。違いが見つかったら、上手くいくストラテジーを心がければ良いわけです。

良くある例としては、ゴルフで池越えのショットが苦手というケースが挙げられます。池越えになると、頻繁に池にボールを入れてしまう。そういう人は、普段のショットと、池越えのショットでストラテジーの違いを比べてみれば良いということです。

仮に、普段は「アドレスして体のバランスを感じる↓目標を見る↓ボールが飛んでいくところをイメージする↓飛んでいくボールをイメージしながらアドレスに戻る↓体の動きを想像して始動する」だとします。

それが池越えになると「アドレスして体のバランスを感じる↓目標を見る↓ボールが飛んでいくところをイメージする↓池を見る↓池をイメージしたままアドレスに戻る↓体の動きを想像して始動する」になる。

「池を見る」が加わっている部分と、「何をイメージしてアドレスに戻るか」が違っています。

こうした違いに気づけたら、池越えのときにも普段と同じ順番を心がけます。この場合であれば、「飛んでいくボールをイメージしながらアドレスに戻る」部分を心がけることになるでしょう。

どうしても順番が変えられないときは、そのフィルム二コマ分に注目して、プログラムを変えれば良いわけです。二コマ分はプログラムの基本単位に相当しますから、第6章で紹介したスウィッシュなどの方法で対応できます。

このように、〝上手くいく〟ストラテジーと〝上手くいかない〟ストラテジーを比較する方法は、仕事の場面でも使えるはずです。セールスや販売、プレゼンテーションに限らず、パフォーマンスを安定させたい内容には効果的な方法です。

自分が自覚せずにやっている作業について、どのように五感を使っているか詳細に調べる。プログラムの基本単位が繋がった自動的な作業を、一つ一つ明確にするのがストラテジーの発想です。それによって、自分の上手くいくときの方法に気づくこともできますし、他の人のやり方を学ぶこともできます。

「上手くないから、できない」場合には、上手くいく人のプログラムをストラテジーとして調べて、新しいプログラムとして取り入れていくこともできるわけです。まさに、上手くいっている人のプログラムを解読して、自分にインストールするような作業といえるのではないでしょうか。

■価値観には順位がある

これまでに解説してきたプログラムは、「～すると、……になる」（因果）という基本単位を中心としたものでした。また、基本単位の中にはフレームが含まれていて、「〜すると」というトリガーを捉えるために使われています。

そして、そのトリガーに意味を追加するフレームもありましたね。「〝厳しい〟上司を見ると」といったときの、〝厳しい〟の部分です。映画のフィルム一コマ分としてイメージしたとき、「上司」のイメージと「〝厳しい〟上司」のイメージの差を作り出している部分が、〝厳しい〟のフレームに対応するところです。同じ人物、同じ場面であっても、イメージの中に強調される形で加工されるわけです。それが、部分的な色合いや、光の当たり方、ピント、大袈裟な形……などに表れる、と。

そのようなサブモダリティが組み合わさったときに**『意味』**が加わります。その『意味』に対応する言葉が、いわゆる**「修飾語」**です。NLPでは、こうした修飾語を**『プロセス』**を説明する言葉といいます。

そして、その『プロセス』を表す言葉を名詞の形にしたとき、**『価値観』**と呼ばれます（『価値』と呼ばれることもあります）。ですから、〝厳しい〟というプロセスを表す言葉が、名詞の形になると〝厳しさ〟という価値観になるということです。「学び」、「充実」、「豊かさ」、「確実」、「寛容」、「愛」、「自由」…こういった名詞が価値観です。よろしいでしょうか。

簡単にいうと、『物』や『動作』を修飾する言葉を名詞に変換したものが、『価値観』です。文章をイメージに置き換えたときには、『物』や『動作』はイメージの中にそのまま表れる。それに対して『価値観』は、その『物』や『動作』に対応する部分を加工するように表れる。この違いに注意してください。

たとえば「両親が子供の寝顔を見ている」という文章なら、〝両親〟、〝子供〟、〝寝顔〟という『物』も、〝見ている〟という『動作』もイメージの内容として思い浮かべられます。この文章が「両親が子供の寝顔を〝愛情深く〟見ている」となると、**〝愛情深く〟というプロセスがイメージに加わる**わけです。

CGを駆使して、「両親が子供の寝顔を見ている」という画像と、「両親が子供の寝顔を〝愛情深く〟見ている」という画像の二種類を作り分けることになったと想像してください。そのときに〝愛情深く〟という意味を、どんな映像加工で表現するでしょうか。それが価値観をサブモダリティで捉える感じです。たとえば、両親の表情にピントが合ったり、両親の周りを淡いピンク色の光がボンヤリ照らしたりする形になるでしょう。

ここまでが復習です。

文章として考えたときに修飾語として理解できるものはすべて、イメージの中で強調されるサブモダリティとして理解されている。ですが、知っている修飾語だからといって、日常的に使うとは限りません。

人によっては、〝サッサと〟、〝素早く〟、〝すぐに〟などの言葉を良く使いますが、一方では

〝ジックリと〟、〝確実に〟、〝落ち着いて〟などの言葉をよく使う人もいます。

当然、〝素早く〟という言葉を使った文章を作るときには、イメージの中に、そのプロセスがサブモダリティとして加わっているはずです。〝確実に〟という言葉を含んだ文章を作るときも同様です。つまり、〝素早さ〟や〝確実性〟を判断するためのサブモダリティに注目する傾向があるということです。〝素早さ〟や〝確実性〟のフレームをよく使うかどうか、という話です。

〝素早さ〟のフレームに当てはまるかどうかを判断することが増えます。日常生活でも、身の回りの出来事が〝素早さ〟のフレームをよく使う傾向があると、日常生活でも、身の回りの出来事が〝素早さ〟のフレームに当てはまると、ポジティブな反応に繋がります。逆に〝素早さ〟のフレームに当てはまらない出来事には、ネガティブな反対の意味の言葉が使われます。〝遅い〟、〝のろい〟、〝ダラダラ〟などでしょう。その結果、「ダラダラした作業を見ると、イライラする」などのプログラムに繋がるわけです。

ところが、〝素早さ〟のフレームを使わない傾向の人であれば、同じ作業を見ても気になりません。〝素早い〟か〝遅い〟かという**判断をしない**ので、何事もなかったかのように見過ごされることになります。

このように、『プロセス』への注目の仕方には傾向があります。『プロセス』のフレームとして、よく使うものがあるのです。

『プロセス』を表す言葉を名詞にしたものが『価値観』です。ですから、よく使われる『プロセス』のフレームは、注目しやすい『価値観』に対応していることになります。言い換えると、その人が大切にしている『価値観』は、よく注目する『プロセス』（会話であればどんな修飾語が使われているか）に表れているということです。つまり、価値観には順番があるわけです。本人にとって大切な価値観もあれば、どうでもいい価値観もある、と。そして、大切な価値観に対応するフレームほど、よく使われる傾向にある。そういう関係です。

また、「どの価値観が大切か」と自分で判断するときには、価値観に伴う感情的インパクトの強さも評価の基準に使っているはずです。

たとえば、「実は愛されていたんだ」などといった実感があったとします。すごく嬉しくて強く印象に残った、と。すると〝愛情〟という価値観を大切だと評価しやすくなる。これは常日頃から〝愛情〟のフレームを良く使っていなかったとしても、感情的インパクトの強さ（この場合は〝嬉しさ〟）によって、価値観の重要性が高まったケースです。逆に、思いもよらない形で深く傷ついたとしたら、そこで満たされなかった価値観も重要なものと判断されることになるでしょう。

よく使っているフレームに対応する価値観でないとしても、感情的反応の大きさによって大切だと判断される場合もあるということです。

まとめると、「自分にとって、どの価値観が大切か」を判断するときにも、『回数』と『感情的インパクトの強さ』の両方が関わっていることになります。その価値観のフレームをよく使って、当てはまるかどうかを頻繁に気にかけている場合。これが『回数』の点で重要度が高い価値観です。もう一方は、あまり普段から気にかけてはいないものの、そのフレームに当てはまったときには大きな喜びに繋がる場合。こちらは『感情的インパクトの強さ』の点で重要度が高い価値観です。

この両方の観点から自分の価値観を吟味しておくのが効果的でしょう。

価値観が満たされているかどうかが、日常の満足感に大きく関係するからです。仕事の内容でも、職場の環境でも、プライベートの人間関係でも、買い物をするときでも、価値観を満たされる機会が多ければ満足度は上がるはずです。逆に、価値観が満たされない体験が増えると、不満も溜まります。

『回数』の点で大切にしている価値観は、常日頃から当てはまるかどうかをチェックしている項目だといえます。当てはまらないことが続くと、不満は少しずつ蓄積していきます。大したことではないつもりなのに、なんだか無性に気になってしまって、アラ探しをしているような気持ちにさえなるかもしれません。

一方、『感情的インパクトの強さ』の点で大切な価値観は、言ってみれば、心のどこかで探し求めているようなものです。これが満たされないと、なにか物足りないような気持ちや、「こんなはずでは……」といった気分になるようです。

全体的な満足度は、すべての価値観の大切さによって決まりますから、どちらが重要ということはありません。「特に大きな不満はないけど、物足りなくて耐えられない」という場合もあれば、「何か物足りないけど、不満はないから大丈夫」という場合もある。「あの一瞬が心の支えではあるけれど、もうイライラしてばかりで耐えられない」という場合も、「イライラしてばかりだけど、あの一瞬が心の支えだから大丈夫」という場合もあるはずです。

どのような日常を望むのかも人それぞれですから、自分が何を大切にしたいのかを自覚しておくのが役に立つということです。『回数』と『感情的インパクトの強さ』の両方の点で、自分にとって大切な価値観を探っておけば、漏れも少なくなります。

「いつも自分は何を気にしているだろうか?」(『回数』として重要な場合)。

「数は少なかったけど、すごく心が動いたのは、どんなときだっただろうか?」(『感情的インパクトの強さ』として重要な場合)。

この両方の観点で振り返るわけですね。

NLPを使えば、好きなようにプログラムを変えられます。ですが、NLPが勝手に理想的なプログラムに作り変えてくれるわけではありません。どのようなプログラムにしたら自分が満足するのか。それを決めるのはＮＬＰを使う本人です。そのときの基準となるのが価値観です。

二つの観点で価値観を探ってみてください。

そして、大切な価値観が満たされない瞬間に注目します。

その中で「できない」ことで困っている部分を特定します。

そこから、第５章で説明した手順でプログラムを明確にします。

プログラムを変える方法は第６章で紹介しました。プログラムを変えるか、変えないか、後で考えるか。それを選ぶのも価値観次第です。大切にしたいことを感じてみましょう、という提案です。

■価値観をサブモダリティから把握する

大切にしている価値観を理解するメリットは、自分に対してだけではありません。他人の価値観を把握できると、それに合わせた対応をできるようになります。相手の価値観に気づければ、相手を傷つけたり怒らせたりすることを避けられますし、相手に喜んでもらうことだってしやすくなるでしょう。

では、どうしたら相手の価値観を把握できるでしょうか？

一番手っ取り早くて確実なのは、直接質問するやり方ですね。
「○○さんが人生で大切にしている価値観って何ですか?」と。質問して教えてもらえるだけの関係性があるなら、こういうストレートな方法が効果的です。

ですが、初対面でこのような質問をされても答えにくく感じる人もいるはずです。あるいは、質問で理解してもらっても嬉しくないと感じる人もいるようです。言葉で伝えていないのに察してもらえたときに、「あぁ、この人は分かってくれるんだ」と感じる場合です。その意味でも、質問して直接的に聞き出すやり方の他にも、相手の価値観を把握する方法があると役に立ちそうです。

一つの発想は、『回数』の点で大切にしている価値観が、言葉に表れやすいというものです。常日頃から注目しているからこそ、関連したキーワードが会話の中に登場しやすいわけです。仕事の〝スピード〟を大切にしている人であれば、職場での会話に「サッサと」、「早く」、「すぐに」といった単語がよく登場するでしょう。そうしたところからも大切にしている価値観を把握できます。

もう一つの発想は、よく使われているサブモダリティを通じて価値観を把握するというものです。価値観のフレームもまた、サブモダリティで作られていることを思い出してください。部分的な色合いや、光の当たり方、ピント、大袈裟な形……など、強調される形で使われるサブモダリティによって価値観のフレームが作られています。言葉としては価値観として大切にしていることになりますが、その価値観が満たされているかどうかを判断するのはサブモダリティのレベルだということです。

色合いや、光の当たり方、強調された形に注目して、その価値観に当てはまるかどうかを判断している。私の場合であれば、「白っぽく輝いていて、丸みが際立っている」と〝優しさ〟という価値観を捉えます。繰り返しの説明になりますが、そのため、「白っぽく輝いていて、丸みが際立っている」場合には、それがどんな物であっても〝優しそう〟に見えます。私の部屋には、〝優しそう〟な電話や、〝優しそう〟なマットレスがあります。

逆に、芸術家は一部のサブモダリティに特徴を出すことで、そこに価値観を込めているといえそうです。言葉を使わずに、サブモダリティの組み合わせとして意味を表現するわけです。

絵画の中に、先ほど私が説明したような「優しさ」に関するサブモダリティを描いたら、見る人に「優しさ」を感じさせる絵になります。ただし、「優しさ」を判断するサブモダリティは人それぞれですから、全員が同じように「優しさ」を感じ取るとは限りません。

また「優しさ」を大切だと思っていない人は、「優しさ」の基準となるサブモダリティにあまり注意を向けません。普段から「優しさ」を判断するためのサブモダリティに注意を向けている人が、その絵の中に「優しさ」を表すサブモダリティを見つけた場合、「優しさ」の意味を感じ取ることになります。芸術作品への好みを、サブモダリティの観点で説明することもできるのです。

特に芸術作品の場合は、その意味を表すサブモダリティが強調されています。「優しさ」が表された絵画でいえば、「優しさ」のイメージを、現実世界ではありえないほど形に強調して描いている。言葉に対応させるなら「ものすごく優しい」のです。ですから、心が動くのでしょう。

実際、私は〝優しさ〟という価値観を大切だと考えています。〝優しさ〟に使われるサブモダリティに注目する傾向があるわけです。すると、身近な持ち物にも〝優しさ〟のサブモダリティを含んだものを選びやすくなります。なんとなく好きな〝形〟や〝光り方〟、〝色合い〟、〝質感〟が、価値観と結びついているという話です。持ち物に特徴的なサブモダリティから、その人の価値観を推測できるのです。

コツは、『物』の見た目に注目することです。

意味のある『物』として見ないようにするのです。「プラダのバッグだ」と思っても、ブランドではなく、そのサブモダリティに注目します。どんな色か、どんな光沢か、どんな大きさか、どんな質感か、どんな動きがあるか……と見ていく。全身に身につけている物を、五感の細かい情報として捉えていくのです。するとサブモダリティとして共通点が見えてきます。

例を挙げて説明しましょう。

受講生の増田さん（仮名・男性）は会社員として働いています。仕事のときの服装の増田さんと会ったときの姿は、いわゆるビジネスマンとして想像できる一般的な服装でした。

スーツに革靴、ビジネスバッグ。

ですが、一つ一つの持ち物に共通するサブモダリティがあります。

革靴は茶系で、シンプルなデザイン、鈍く光沢が出るように磨かれている。手にしていたボールペンは金属のボディの四色ボールペン。全体は艶消しの黒で、うっすらと鈍い光沢があります。ベルトのバックルに装飾は一切なく、金属製で銀色。ですが、ツヤが出すぎないように荒く磨かれた素材が使われています。ベルト自体は革製で、靴と同様にツヤツヤしすぎない、鈍い光沢があるものでした。ビジネスバッグはナイロン製ですが、生地が厚く、ヨレヨレしていません。縁の縫製が丈夫そうで、輪郭が際立って見えます。ナイロン製の生地のザラザラした質感と、クッキリした形が、うっすら鈍く光を反射します。

イメージできますか。

サブモダリティとして特徴的なのは、模様の少ないシンプルでクッキリした形、暗い色、それから鈍い光沢です。これがさまざまな持ち物に共通しています。ピカピカしたもの、キラキラしたもの、テカテカしたものは一つもありません。全体が暗い色で、均一になっているのも特徴的です。つまり、模様やシワも入っていない。ですから輪郭が際立ちます。

サブモダリティとして、こういう共通点があるわけです。

自分でそれを選んでいるのですから、このようなサブモダリティが好きだということですね。

好みのサブモダリティ、言い換えるなら、**いつも気にしておきたい大切なサブモダリティ**です。価値観が反映されているのです。

このサブモダリティの組み合わせから私が解釈した意味は、「さりげない大人のスマートさ」です。

「〝できる〟人」の特徴を、そのサブモダリティから捉えていると想像しました。しっかりした良い仕事をするけれども、あまり積極的に目立とうとしない感じ。一言でいえば、「いぶし銀」の印象です。

実際の増田さんの人柄は、明るく朗らかで、皆のムードメーカーという面が強く、人を笑わせるのも好きなようです。物怖じなく積極的に発言するので、存在感もあります。

ですがビジネスの場面になると、明るく積極的である一方で、「さりげない大人のスマートさ」で良い仕事をするという姿を求めていると想像したのです。ビジネス関連の持ち物に、このサブモダリティが共通していたからですね。

事実、増田さんに確認したところ、「スマートに仕事ができる」ことを心がけていると言っていました。「いぶし銀」は増田さんのキーワードだそうで、有名人でも「いぶし銀」の働きをする人が好きだということです。

サブモダリティと価値観の対応は、ある程度の経験を積んでくると見えてくるはずです。

私の場合、サブモダリティの特徴以外にも、姿勢や表情、動作のスピードと流れ方、声のトーンなどから、筋肉の緊張と注意の配り方を観察します。そこからも「何を大切にしようとしているか」を考察して、価値観を読み取ろうとしています。総合的に判断しているわけですね。ですが、サブモダリティだけでも充分に多くの情報が得られます。そして、その情報はさまざまな場面で活用できます。

仮にセールスに活かすのであれば、増田さんに対しては、

「いかがですか、こちらの商品。あまり主張の強い、目立つ品物ではありませんが、スマートなデザインだと思います。機能もシッカリしていますから、無駄なく、良い仕事をしてくれますよ。〝できる〟人にこそ持ってもらいたい一品ですね」

という具合に、キーワードを散りばめることもできるでしょう。商品の価値と、本人の価値観を結びつけるように説明するやり方です。

また、増田さんに喜んでもらおうと思えば、

「表向きはムードメーカーとして皆が楽しくなれるように工夫してくれているのに、目立たないところでもサラッと堅実な仕事ができるっていうのは、流石ですよね」

といった言葉をかけても良いでしょう。

価値観は、人のモチベーションと密接な関係にあります。行動を起こす理由として注目されるのが、まさに価値観ですから。これをしたら、こんなに良いことがある……、その良いことに価

値観が表れます。何かをしようと思うモチベーションは、価値観によって引き出されるともいえます。

物を買うときの動機づけも、仕事のヤル気も、価値観が満たされるかどうかによって決まるわけです。ですから、**相手の価値観を把握していれば、相手を動機づけることがしやすくなる**のです。さまざまな場面で役立つ情報が、持ち物や身につけている物に共通するサブモダリティから、把握できるという話です。

■NLPにおける時間の考え方：タイムライン

先に紹介したのは、価値観がサブモダリティを使って、どのようにプログラムされているかという内容でした。価値観に限らず、私たちが認識できるあらゆる物事は、サブモダリティで表すことができます。NLPでは、「人間が識別できることはすべて、五感の情報で表現できる」という考え方を前提にしているのです。

そこで今度は、『時間』について考えてみたいと思います。

『時間』もまた、五感の情報を使って表現できる。サブモダリティに注目することで、私たちが時間をどのように捉えているかが分かるわけです。

試しに、昨日の夕飯を思い出してみてください。それから、一昨日の夕飯も思い出します。もし思い出せなかったり、食べていなかったりするのであれば、夕飯でなくても構いません。昨日と一昨日、それぞれの出来事を思い出してください。いいですか？

その二つのうち片方が昨日、もう一方が一昨日の出来事ですね。相当な確信があるはずです。「実は、逆ではないか」とは思わないでしょう。おそらく、同じ場所にいた人に確認をとれば、記憶の正しさも確実に感じられるのでしょうが、そうした確認を取らなくても「どちらが昨日で、どちらが一昨日か」という区別には自信があると思います。

ということは、何かの手段を使って、昨日と一昨日を区別しているはずなのです。

仮に、思い浮かべた映像の中に時計と日めくりカレンダーでもあれば、それを元に時間を把握している可能性もあります。しかし、多くの人は違った方法で区別をしているようです。これから、その区別の仕方を調べてみましょう。

ここでも調べ方には、言語とサブモダリティの対応を利用します。

まず、「私は、〇〇をした」というシンプルな文章を作ります。「〇〇」の中には、毎日やっている〝ありきたり〟な行動を入れてください。たとえば、ハミガキとか、メガネをかけるとか、朝起きてテレビをつけるとか、入浴するとか。内容は何でも構いませんが、思い入れのない行動を選ぶようにしてください。

もし「服を着替える」を選ぶと、人によっては入念にコーディネートを考えたりしているかもしれません。食事も思い入れが強いと、感情が動きます。感情が動くと、文章の意味に他の情報が追加されてしまいます。「私は、楽しく○○した」とか、「私は、残念な○○をした」とか、そういった修飾語が追加される可能性があるということです。

ここでは『時間』だけに注目したいので、他の情報が含まれないように、〝ありきたり〟で、毎日している行動を使いたいのです。ここでは例として「私はハミガキをした」という文章を使いましょう。

これから行う作業は、この「私はハミガキをした」という文章に、時間を表す言葉を追加してみるというものです。「昨日、私はハミガキをした」、「一昨日、私はハミガキをした」、「一週間前に、私はハミガキをした」、「三年前に、私はハミガキをした」……。文章にすると、このようにして時間の区別ができます。

第4章を中心に調べたように、文章の中で言葉として表されることはサブモダリティに対応しています。「昨日、私はハミガキをした」と、「一昨日、私はハミガキをした」との違いは、「昨日」か「一昨日」かだけですね。ということは、両方の文章をイメージして、そのサブモダリティを調べてみると、両方の違いとして、「昨日」か「一昨日」かが表現されているはずです。

ここで注意してもらいたいのは、共通している「私はハミガキをした」の部分は、イメージとして思い浮かべても同じようなものになることです。実際には、「どこでハミガキをしたか」といった情報が追加されて思い浮かぶことがありますから、厳密に中身が同じになるとは限りません。

しかし、「私はハミガキをした」という文章の『内容』は同じになっているのです。こうした文章の内容は、イメージの〝中〟に表れます。自分がハミガキをしているイメージが思い浮かぶということです。

それに対して、「昨日」や「一昨日」など、文章全体を修飾する言葉は、イメージの中には表れません。「私はハミガキをした」という文章の内容を表すイメージがある。そのイメージに対して、全体を加工するサブモダリティとして表れるのです。言い換えると、「そのイメージ全体の大きさはどうか?」、「そのイメージ全体の明るさはどうか?」、「そのイメージ全体がどこにあるか?」などです。

先に種明かしをしてしまいますが、多くの場合、〝位置〟が重要になります。どこにイメージが思い浮かぶか、ということです。時間の流れに沿って、空間にイメージを並べることで、『いつ』という情報を把握しているわけです。

他にも、イメージ全体の〝明るさ〟や〝色合い〟、〝映像の鮮明さ〟なども『時間』の認識に関わっている傾向があります。映画やマンガを思い出すと、納得してもらえるのではないでしょうか。映画の回想シーンは、映像全体の雰囲気が少し違いますね。少しボヤーッとしていたり、少し薄暗かったり、色合いの鮮やかさがなかったりするものです。そういう映像を見ると、〝昔〟のこととして感じる。その理由も、私たちが『時間』を認識するときに使うサブモダリティが、映像の中に表れているからだといえます。

映画やマンガの場合には、〝昔〟という区別さえつけば充分ですから、〝明るさ〟や〝色合い〟、〝鮮明さ〟などを使えば済みますが、正確に「三日前」や「一か月前」などを区別するには〝位置〟が使われるわけです。『時間』感覚を、『空間』感覚に対応させているということですね。

それでは、実際にサブモダリティに注目して、『時間』と〝位置〟の対応を調べてみましょう。最初に「私は、今朝、ハミガキをした」という文章を、イメージとして思い浮かべます。イメージが思い浮かんだら、すぐに、サブモダリティをチェックしていきます。イメージの中身ではなく、「イメージ全体が、どのように見えるか」に注目してください。興味があれば、〝明るさ〟、〝色合い〟、〝鮮明さ〟、〝大きさ〟なども見てみると面白いと思いますが、ここでは、シンプルに位置情報だけに絞りましょう。それでも『時間』そのものの捉え方は理解できますから。

イメージを思い浮かべたときに、空間的にどの〝位置〟に見えるか、です。体を中心にして、どちらの方向に、どのぐらい離れているのか？　そして、目線と比べて、どれぐらい高いか、低いか？　〝距離〟、〝方向〟、〝高さ〟の三つの要素をチェックしましょう。

なお、ここでは顔や体の向きを動かさないのがコツです。場合によっては視野に入り切らないこともあります。横方向に遠い場所にイメージがある場合、高さがとても高い場合、方向が自分の真横や後ろ側になっている場合などです。

後ろ側にあったらイメージとして見えないと思うかもしれませんが、あくまで空間感覚として「あの辺にありそうな感じがある」というのを優先してください。人によっては、そちらの方向に引っ張られるような感じとか、つっぱる感じとか、モゾモゾする感じがあるようです。人は体の範囲よりも外側まで空間感覚を拡げているものですから、特別なことではありません。車を運転するときの車幅感覚や、荷物を持って人ごみを歩くときの自分のスペースの感じ方を思い出してもらうと良いかもしれません。

目的は〝位置〟を特定することですから、今回はハッキリとイメージできなくても大丈夫です。イメージしようとしたときに沸き起こる「あの辺にありそうだ」という感じを大切にしてください。

よろしいでしょうか。

まずは「昨日、私はハミガキをした」という文章を、イメージとして思い浮かべようとします。そのときのイメージの〝位置〟を特定してください。どの方向に、どれぐらい離れて、どのくらいの高さにあるでしょうか。

もし、どうしても位置が感じにくい場合は、気にせずに、そのまま進めてみましょう。一般的には、時間が遠いほどイメージの位置が遠くなる傾向にあります。その遠いときの空間感覚と比べると、「昨日」の場所も区別しやすくなるでしょう。
ということで、「昨日、私はハミガキをした」をイメージして、イメージの〝位置〟を特定する。映像的に場所が見えても、体感覚として位置を感じても構いません。

それができたら引き続き、「一昨日、私はハミガキをした」、「三日前、私はハミガキをした」……という具合に、「一週間前」、「一か月前」、「一年前」、「三年前」まで、そのイメージの〝位置〟を調べます。ここまでに傾向が見えている人も多いようです。

続いて、もう一度「昨日、私はハミガキをした」をイメージして、空間感覚を体の近くに戻しておきます。

今度は未来を調べていきます。「明日、私はハミガキをする」をイメージして、同様に〝距離〟、〝方向〟、〝高さ〟を特定します。「ハミガキをするだろう」や「ハミガキをする予定だ」のほうがスムーズであれば、それでも大丈夫です。

そのまま引き続いて、「明後日、私はハミガキをする」、「三日後、私はハミガキをする」でもイメージの位置を調べましょう。そして「一週間後」、「一ヶ月後」、「一年後」、「三年後」まで調べます。

これで「三年前」から「三年後」までの大まかな傾向が、空間上に見えてきたはずです。

多くの場合、すべてのイメージが直線上か曲線上に乗りますから、イメージを結んでラインを作るようにイメージしてみましょう。これで時間感覚を、空間のラインとして表現することができました。ＮＬＰでは、これを『タイムライン』と呼びます。時間は、『タイムライン』と呼ばれる線の上に、位置情報として整理されているということです。

■タイムラインが時間の使い方を決める

時間を〝位置〟というサブモダリティで表現していくと、一本の線になりました。このタイムラインと呼ばれる線には、形や向きに個人差があります。急に角度が変わったり、蛇行していたりする場合もあります。直線になっている人もいます。こうした形の違いが、その人の時間の使い方に影響しています。

短いスパンで見れば予定の立て方など、長いスパンで見れば目標への取り組み方、あるいは人生に対する考え方にまで関わります。ここでは、タイムラインの形の違いが、考え方や行動とどのように関係しているかを説明します。

最初に、〝位置〟のサブモダリティの意味を考えていきましょう。今、〝位置〟と呼んでいるのは、「自分自身の体を中心とした空間のどこにイメージがあるか」ということです。そのことから、いくつか重要な発想が生まれてきます。

一つ目のポイントは、「空間的な距離と時間的な距離が対応している」ことです。〝遠い過去〟や〝遠く離れた未来〟は、体の中心とした空間にイメージを思い浮かべる場合にも、〝遠い位置〟になる。普段使う日本語の表現とも対応しているわけですね。

逆に、〝今この瞬間〟は、自分の体全体の周りを取り囲むように存在しています。当たり前の話ですが、〝今、ここ〟で体験している内容は、自分の目を通して視野全体に見えているものです。「一週間前、私はハミガキした」のイメージが、空間的に離れた位置にあったのに対して、〝今、ここ〟で体験しているものは離れていません。距離がゼロなのです。

距離がゼロのときは、視野全体が見えている状態です。視野は横方向のほうが広いものですから、「パノラマ写真のような見え方」と呼ばれることもあります。これを利用すると、パノラマのように視野全体で見えるように体を取り囲んだ映像を作れば、まるで〝今、ここ〟で体験しているかのような臨場感を生み出すことができます。夢を見るときは距離がゼロですからリアルに感じられますし、いわゆる体感型のゲームも、映像との距離をゼロに近づける工夫をしているといえます。

ということで、空間的な距離がゼロに近いほど〝今〟に近く、空間的に距離が離れているほど〝離れた〟過去や未来になるという発想です。

二つ目のポイントは、「視野を占める度合いが重要度に対応する」ことです。これは「大きさ」と「中心に近いか」の両方で考えます。大きいほど重要で、中心に近いほど重要です。

緊急で対応しなければいけない用事は、通常、目の前に大きくイメージされます。あまり重要ではないけれど覚えていることは、視野の片隅にイメージされます。まさに文字通り、〝頭の片隅にある〟わけですね。視野に入っていないものは、気にかけていないことになります。

普段からイメージに気づいている人もいますが、そうでない人も、「あの緊急の用事は、自分の中で〝どこ〟にあるだろうか？」と考えると、映像のイメージが浮かんだり、空間感覚として場所を感じられたりするはずです。さらに、本人が自覚してなくても、その用事について考えているときには、目線がそのイメージがある場所に向いていることも多いものです。

また、大きさに関しても意味づけとの対応があります。大きさを〝重要さ〟と関連づける人もいますし、〝大変さ〟と関連づける人もいます。

やらなければいけない作業であっても、達成したい目標であっても、目の前の視野すべてを覆ってしまうほど大きいと、「手に負えない大きさ」と感じられることが多いものです。圧倒されてしまうわけですね。ところが、それを〝小さい〟ものとして思い浮かべれば、「取るに足らない大きさ」や「扱いやすい大きさ」と感じられます。ですから、組織の複雑な人間関係や、世界規模の社会情勢であっても、「手に負える大きさ」で思い浮かべて考えられる人は「扱える」ものに感じるのです。ややこしい問題は、試しに将棋盤ぐらいの大きさに縮めて考えてみるのも良いでしょう。

以上のように〝中心への近さ〟と〝大きさ〟を考えると、一般的には現在に近い体験が視野の大部分を占めていますから、現在に近いほど重要に感じられることになります。一方、遠い過去や未来に行くほど、自然な遠近感のように、イメージも小さくなる傾向があります。現在から離れた出来事ほど視野の中心から離れて小さくなります。もちろん過去の思い出や将来のことにも注意は向きますが、その関心の度合いは小さいわけです。〝今、ここ〟の体験に近いものほど関心が高いのが自然だということです。

このことを踏まえてタイムラインの形を考えると、多くのことが見えてきます。ここでは、タイムラインの形に良く見受けられる二つの傾向を元に説明します。

一つは、タイムラインが横を向いている場合です。自分の目の前を横切るようにタイムラインがある。多くの場合、左が過去で、右に未来があります。正面が現在。こうしたタイムラインの形を『**スルータイム**』と呼びます。

もう一つは、タイムラインが前後方向の場合です。過去が自分の後ろにあって、未来が前にあります。現在は、ちょうど自分の周り。タイムラインが体の中を通っている、あるいはタイムラインの上に乗っている、そんな捉え方です。この形を『**インタイム**』と呼びます。

細かくいうと、時間の進み方に対する考え方が、タイムラインの〝動き〟と関係します。タイムラインが道のように静止したものであって、その上や近くを自分が歩いて移動していくイメージを持つ人がいます。「主体的に自分が人生を切り開く」という姿勢の人たちです。文字通り、未来に向かって進むわけです。一方、タイムラインが川の流れのように動いているイメージを持つ人もいます。未来が自分のほうに向かって流れてくる、と。「時の流れに身をまかせ」るとは限りませんが、出来事を自分なりに受け止めたり、解釈したり、準備をしておく姿勢があるようです。

それでは、タイムラインの形には、どんな意味があるのでしょうか。

『インタイム』は時間の流れの中にいますから、〝今、ここ〟の体験に集中しやすくなります。さらに正面を見ているとき、遠い未来のことは、直近の未来の背後に隠されていますから、**目の前のことだけに集中しやすい**のです。目の前の体験に集中する分、感情の動きも大きくなりやすいものです。目の前に見えていることを重要なものとして捉え、そこに集中しているわけです。

また、**行動力がある**のもインタイムのタイムラインを使っている人の特徴です。目の前にアイデアが浮かぶと、その内容の重要度が一気に上がります。それが「良さそうだ」と感じれば、やりたい気持ちが高まって、ヤル気に集中します。そのため、すぐに行動に移せるのです。思いつきでコロコロと予定が変わりますが、その反面、アイデアをすぐに実行する行動力があるわけです。

未来の方向が見えにくい分、**時間を流れとして把握する傾向が小さい**ともいえます。そのため予定は順序で把握するというよりも、項目として捉えていることが多いものです。買い物リストや「やること」リストなどを使う傾向があります。「あれと、これと……」という発想です。デスク周りやスケジュール帳に予定を書いたポストイットを貼って、終わったものから剥がしていくような方法が役立つようです。

『スルータイム』は時間の流れを横から眺めていますから、時間の〝長さ〟を捉えるのが得意です。インタイムの場合には〝今〟を積み重ねて時間を過ごすのに対して、スルータイムでは**時間の流れや出来事の順番**が重視されます。

スルータイムの場合、タイムラインと自分との間に距離を感じることがあります。距離があるほど、自分の人生の時間経過を離れて眺めていることになりますから、**客観的な度合いが高い**といえます。インタイムほど目の前の体験に浸らないため、感情の起伏が小さく見えます。楽しいときでも「今、自分は楽しんでいるなぁ」と客観的に見ていることさえあります。

時間の長さを捉えるため、**スケジュールを立てるのが得意**なのも特徴です。所要時間の予測を先まで立てられて、順序も分かっているわけです。タイムラインの未来のほうを横から見ていれば、スケジュールが常に見えているような状態ともいえます。人によっては、スケジュールを頭

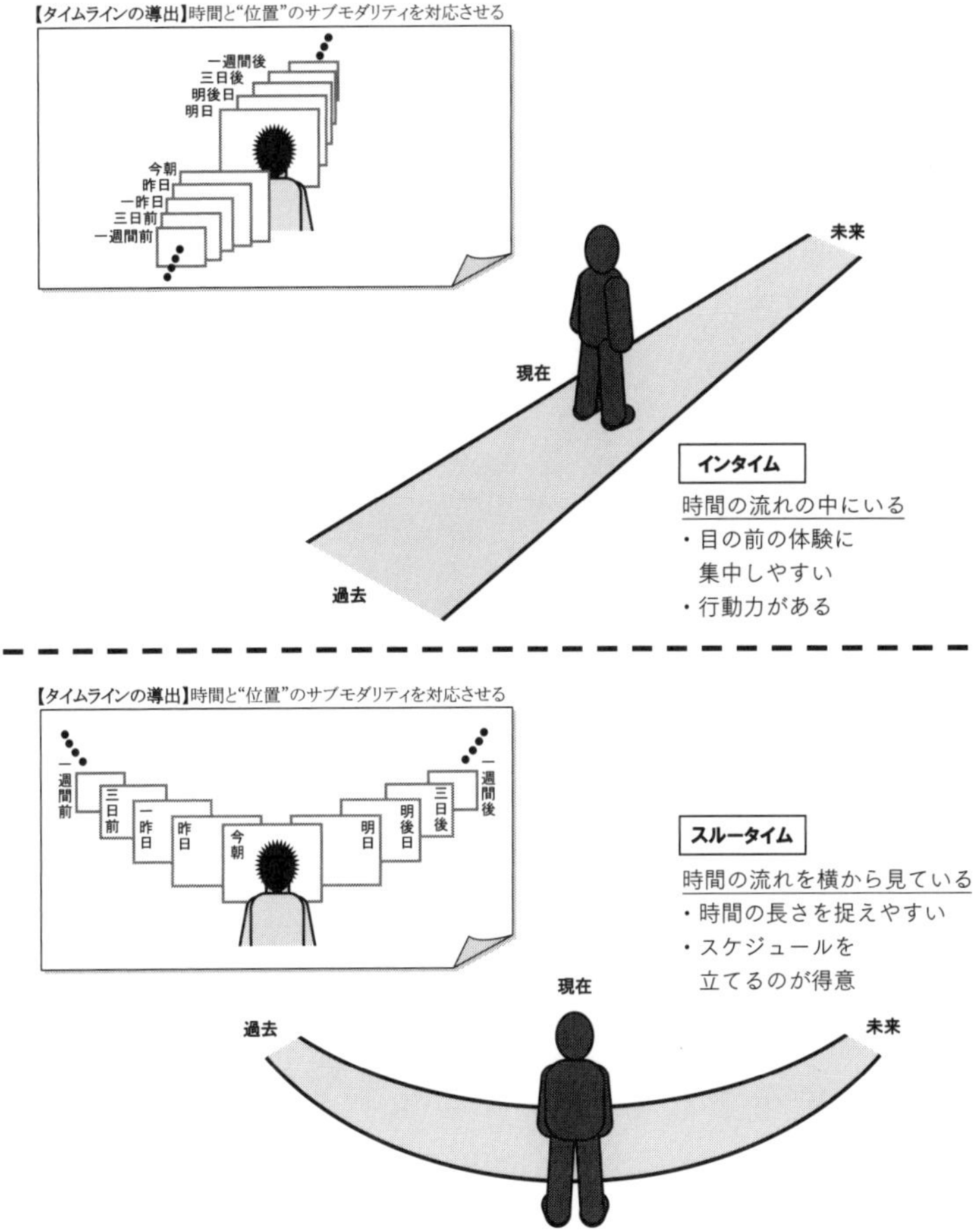
【タイムラインの導出】時間と“位置”のサブモダリティを対応させる
一週間後
三日後
明後日
明日
今朝
昨日
一昨日
三日前
一週間前
未来
現在
過去
インタイム
時間の流れの中にいる
・目の前の体験に
集中しやすい
・行動力がある
【タイムラインの導出】時間と“位置”のサブモダリティを対応させる
一週間前
三日前
一昨日
昨日
今朝
明日
明後日
三日後
一週間後
スルータイム
時間の流れを横から見ている
・時間の長さを捉えやすい
・スケジュールを
立てるのが得意
現在
過去
未来

図14：タイムライン（インタイムとスルータイム）

の中だけで把握できるほどです。

「これをして、それからあれをして……」のように、順序で予定が決められていますから、急な予定変更は好まないようです。ですから、インタイムの場合に見られる行動力はなく、むしろアイデアを思いついても必要な作業予定を考えてしまって、**一歩を踏み出すのが苦手**だったりします。


インタイムの場合には、予定がコロコロと変わるものの行動力がある。スルータイムの場合、行動力が低くても計画性がある。そういう傾向があるということです。

ここで注意してもらいたいのは、インタイムとスルータイムは、二つの傾向だということです。実際には、もう少しタイムラインが曲がっていたりするケースもありますし、高さや太さにもバリエーションがあります。そうした細かな違いによって、時間の使い方や行動の仕方、人生のスタンスも変わります。

また場合によっては、自分の位置が〝現在〟にないことさえあります。ずっと過去の過ちを引きずっていたり、いつも過去の栄光に浸っていたり、常に「もっと、もっと!」と目標を立てていたり……。

さらには、インタイムとスルータイムの間のような人もいます。インタイムがタイムラインの中にいて、スルータイムがタイムラインを外から見ているのに対して、ちょうど片足だけタイムラインの中に踏み込んだような状態です。

インタイムとスルータイムの違いも含めて、こうしたタイムラインのバリエーションは、「良し悪し」ではありません。新たなビジネスに取り組むならインタイムの行動力が効果的でしょうし、リスク管理にはスルータイムの計画性が効果的かもしれません。とにかくたくさんの観光地を巡りたいのならスルータイムが良いかもしれませんし、リゾート地や温泉でリラックスするならインタイムが良いかもしれません。

目的にあったタイムラインの使い方ができると望ましいといえます。

やり方はシンプルです。タイムラインの形をイメージしなおすだけです。頭の中で、前後方向か左右方向かを変えるだけでも効果があるでしょう。タイムラインを変えると体感覚や姿勢に変化が出るはずですから、それを覚えて心がければ、より確実になります。

また、タイムラインを変えないとしても、自分と相手の違いを理解するのには役立つはずです。タイムラインもまた、人の違いを生み出す重要なプログラムですから。

■自己評価に関するビリーフ（「セルフ・エフィカシー」と「セルフ・エスティーム」）

価値観もタイムラインも、人生全体に影響を及ぼすプログラムですが、ビリーフの中にも人生全体に関係するものがあります。

ビリーフとは、体験を一般化した経験則のようなものだと説明しました。チャンク・アップされたプログラムだということです。そうしたビリーフをもっとチャンク・アップしていくと、人生や世の中を一言で表現するような言い回しが作られます。

ここでは特に、自分自身に関するビリーフを考えてみたいと思います。「私は〇〇だ」というビリーフです。

本書で何度も例として扱った「厳しい上司の顔を見ると、委縮してしまう」も、日本語として「私は」が省略されていますが、自分自身の行動に関するプログラムだといえます。そして、このプログラムを「能力が足りないと、低く評価される」というビリーフを使って解釈している。つまり、**「能力が足りない」**というフレームに当てはめて、**自分自身を判断している**ということです。

このビリーフがある場合、たとえば「人前に出ると、緊張する」といったプログラムに対しても、たまたま「仕事でミスをした」といった出来事に対しても、「能力が足りない」のフレームに当てはめるかもしれません。その前の時期としても、学生時代に「テストの点が低かった」とか「スポーツが苦手だった」とか、小学校の頃に「音楽の授業でクラスの皆に笑われた」とか「先生から〝お前は全然できないな〟と言われた」とか、さまざまな出来事を「能力が足りない」のフレームに当てはめてきた可能性があります。

そうした体験が積み重なると、一般化されて、「私は能力が足りない」といったビリーフが作られるかもしれません。

正確にいうと、実際に言葉の形で「私は能力が足りない」と思っているかどうかは分かりません。ただ社会生活では〝能力〟は重要な価値観として扱われますから、「自分自身の能力に対する評価」は誰もが持っているはずです。「能力がある」のフレームに当てはまることと、「能力が足りない」のフレームに当てはまること、その両方を総合して、自分の能力を評価しているということです。

この**「自分自身の能力に対する評価」**が、人生全体に大きく関係するものの一つです。

ＮＬＰからは外れますが、これが、心理学者のアルバート・バンデューラが提唱した**『セルフ・エフィカシー』**の考え方に対応します。能力に対する自己評価のプログラムがあって、それを心理学では『セルフ・エフィカシー』と呼ぶ。言葉としてビリーフを表現すると、「私は能力が足りない」とか「私には、かなり能力がある」といった言い方になる。そういう対応です。

自己評価ですから、「〝ある〟か〝ない〟か」という「〇か一〇〇か」の判断ではないことに注意してください。これがどのように重要になるかは後で解説しますから、先にもう一つの自己評価について説明します。

もう一つの自己評価に関するビリーフは、**自分の存在価値**についてのものです。受け入れられるとか、大切にしてもらうとか、愛されるとかいった体験に基づきます。

〝能力〟が社会的に重視されがちなことと比べると、自分の存在価値に常日頃から関心を向けることは少ないようです。おぼろげな不満として、「なんとなく満たされない」とか「居場所がない感じ」とか「必要とされていない気がする」などの印象として感じるぐらいかもしれません。今、存在価値が低いほうの例ばかりを挙げたのは、価値を充分に感じている場合には、そもそも気にならないからです。あまりハッキリとは自覚されないことが多いのです。

ですが、これもまた、人生に幅広く影響する要素です。受け入れられたか、認められたか、大切にしてもらったか……そうした体験が一般化されて作られるチャンク・アップされたプログラムがある。そして、それもまた人生全般に関係する。そういう話です。

また、この「自分の存在価値に対する評価」を言葉としてビリーフを表現するなら、「私には、あまり価値がない」とか「私は、だいたい大丈夫だ」といった形になるでしょう。もちろん、ここでも程度の問題ですから、存在価値を「〇か一〇〇か」で捉えるわけではありません。

この「自分の存在価値に対する評価」は、心理学でいう『**セルフ・エスティーム**』に対応します。

よろしいでしょうか。自己評価について、大きく二つの側面に注目しているということです。自分の能力に対する評価（セルフ・エフィカシー）。自分の存在価値に対する評価（セルフ・エスティーム）。この二つです。それぞれが体験から一般化されて作られます。この二通りの自己評価はビリーフとして機能しますから、日常的な体験や自分のプログラムに対する評価に使われます。能力や存在価値のフレームに当てはめて、「能力があるか」、「存在価値があるか」と判断するわけです。

能力に対する自己評価（セルフ・エフィカシー）が低ければ、何かに新しく取り組むときにも、**「できない」**結果を予測しやすくなります。そのため、新しいことを避けるかもしれません。本当はやりたいにもかかわらず、苦手意識から避ける場合もあるでしょう。あるいは、やらなければいけない仕事においても、「できない」結果を予測して、委縮したり、逃げたい気持ちになったりするかもしれません。そのような状態で仕事に取り組めば、実力を発揮するのも大変でしょう。結果として「やっぱりできなかった」と捉えることになり、さらに能力への自己評価を下げてしまうと考えられます。

ですが、セルフ・エフィカシーが高ければ、何をするにしても**「できた」**結果を予測しやすくなります。新しいことにも「やればできるだろう」と思って取り組みます。やりたいことがあれば、とりあえずやってみるかもしれません。「できるだろう」と思って取り組めば、リラックスして実力も発揮しやすいでしょう。上手くいかなかったときは、逆に「できない」ことに違和感を覚えて、「どうすればできるだろう？」と考えることになります。そうして最終的に「できた」と思えたとき、さらに能力への自己評価を高めていくでしょう。

存在価値に対する自己評価（セルフ・エスティーム）が**低い**場合は、人と関わるときに**「受け入れてもらえない」**可能性を推測しがちです。そのため、あまり他者と打ち解けた関係を作ろうとしないかもしれません。関係性ができてきた後でも、「拒否される」ことを避けるように慎重な行動をとったり、嫌われないように気を遣ったりすることもあるようです。逆に、ありのままの存在価値を低く評価していることから、自分の価値を高めようと努力する場合もあります。能力や成果で、人から認められようとする傾向です。

一方、セルフ・エスティームが**高い**と、根拠のない安心感を持つようになります。他人を信じたり、期待したりするのも、最終的には**「受け入れてもらえる」**と予測しているからだと考えられます。積極的に自分をさらけ出して、他者と打ち解けた関係を積極的に作ろうとするかもしれません。人から嫌われたり、拒否されたりしても、自分の存在価値が揺らぎにくいといえます。「失敗しても何とかなる」という安心感から、新しいことに挑戦することもできるでしょう。場合によっては、ありのままの存在で充分だと感じているために、失敗や能力不足を気にしないこともあるようです。「上手くいかなかったけれど、他の人は受け入れてくれた」ということを確認して、さらに自分の存在価値を実感するケースです。

実際には、能力と存在価値、両方に対する自己評価に程度の違いがあります。能力に対する自己評価が高く、存在価値に対する自己評価が低い。能力に対する自己評価が低く、存在価値に対する自己評価が高い。組み合わせは色々です。念のため、「どのぐらい高いか」という程度が「〇か一〇〇か」ではないことをもう一度強調しておきます。

もしかすると、読者の方々は両方の自己評価が高いことが理想的だと感じたかもしれません。ですが、能力も存在価値も、両方とも自己評価が非常に高い必要があるかどうかは、私には何とも言えません。

両方の自己評価がとても高ければ、何をするにも自信があって、「やればできる」と思って取り組めます。失敗も恐れません。常に安心して自分の実力を発揮して、人から何を言われても大丈夫。多くの人と積極的に関わって、ありのままの自分を受け入れてくれる相手と、深い関係を作っていくでしょう。それを魅力的な生き方だと思う人は、両方を高めるように取り組んでみてください。方法は、これから説明します。

一方で、そんなに新しいことにチャレンジしたいと思わない人も、多くの人と深い関係を作りたいと思わない人もいるようです。それでも、自己評価を振り返って、ある程度まで高めておくのは役に立つはずです。楽になりますから。

■自己評価の高め方

自己評価をビリーフとして扱っているのは、これも他のプログラムと同様に、『回数』と『感情的インパクトの強さ』で作られているからです。つまり、他のプログラムを変えられるのと同じように、『回数』と『感情的インパクトの強さ』で工夫をしていけば、自己評価も変えることができるのです。

本書では「できない」から始めて、そのプログラムを変える方法を解説してきました。「できない」ことが問題となっている場合に注目すると、単純にいえば、**〝「できない」ことが嫌だ〟**ということです。自分で自分の一部を受け入れられていない。言い換えると、セルフ・エスティーム（存在価値に対する自己評価）が低いわけです。

先に説明したように、セルフ・エスティームが高ければ、「できない」ことが気になりません。そんなことでは自分の存在価値は揺るがないのです。

たとえば、職場に苦手な人がいたとします。話をするたびに、いつも嫌な気分になる。その人と話をすると、楽しい気持ちでいることが「できない」、と。セルフ・エスティームが低いと、そのことが気になります。不満を引きずって、ストレスを抱えやすくなるでしょう。一方、セルフ・エスティームが高ければ、「あの人と話すと嫌な気分になる……。まぁ、いいか。世の中にはいろいろな人がいるものだ。今日はジムで汗でも流すか！」などと、重大な問題とは捉えなくなる。問題を受け入れる度量が大きいということです。

気をつけてもらいたいのは、セルフ・エスティームが充分に高くても、非常に大切なことが「できない」のであれば、それは問題となります。その場合には、本書で説明した方法を駆使して、問題を〝解決〟するほうが良いかもしれません。もちろん、色々な「できない」が問題だと感じられるのであれば、コツコツと問題を〝解決〟していくのも効果的です。

自己評価の高め方を説明する前に、ここで二つの自己評価を比喩的に解説しておきます。

容器に水が入っていると想像してください。五〇〇ミリリットルぐらいだとしましょう。そこに溶かせる限界量の塩の粒を入れます。結晶の大きさは、岩塩のような塊から、サラサラの粉までさまざまです。混ぜなくても、サラサラの粉は溶けていきますが、粒の大きな結晶は残っています。

この溶け残っている塩の結晶が〝問題〟に当たります。見えてしまうわけですね。

セルフ・エスティームの高さは、「どれぐらい塩を溶かしているか」のようなものです。混ぜれば限界まで溶けますが、静置していては溶けにくい。セルフ・エスティームの高い人は、混ぜたり温度を上げたりして、一生懸命に溶かしているのです。ですから、大部分の〝問題〟は溶けて見えなくなっています（〝解消〟されている）。同じだけの問題があっても、気にならないのです。一方、セルフ・エスティームが低い状態は、たくさんの塩の粒が溶け残っているようなものといえます。〝問題〟にあたる塩の粒には、様々な大きさがあります。当然、大きな塊は溶けにくいですね。そこで、溶けやすくするための努力が求められます。砕く、ということです。塩の塊を細かく砕いていく。そうすると、ずっと溶けやすくなります。自然に溶ける大きさまで塩の塊を細かくする作業が、〝解決〟です。例として「人前に出ると、緊張する」という問題で考えるなら、「どの程度の状態になったら自分が受け入れられるか」が〝解決〟の基準になります。少しぐらい不安があっても構わないのか、楽しんでできるぐらいになりたいのか。「緊張する」という程度が、どこまで小さくなれば満足かということです。そこが「解決した」といえるときですね。ですから、〝解決〟という作業は、塩の塊（問題）を溶けやすい大きさまで細かくすることにあたるわけです。

また、塩の粒を砕いて細かくしなくても、一生懸命に混ぜていれば、やがては溶けて見えなくなります。「あるがままを受け入れましょう」というのは、「一生懸命に混ぜましょう」といっている感じに近いのかもしれません。NLPの技術では、問題を〝解消する〟リフレーミングが効果的です。また、ある程度の大きさなら、細かく砕くよりも、混ぜて溶かしてしまおうという方法です。また、本書では紹介していませんが、NLPには直接的にセルフ・エスティームを高める方法もあります。

水の温度を上げるような方法です。

そして、塩を簡単に溶かすには、砕いたり混ぜたりする以外の方法もあります。容器を大きくして、水の量を増やすやり方です。五〇〇ミリリットルのペットボトル一本分だったのを浴槽一杯分ぐらいの水にしたら、同じ量の塩ならずっと溶けやすくなりますね。これがセルフ・エフィカシーを高めるということです。「この程度の塩の量は、自分なら頑張れば溶かせるはずだ」という余裕。セルフ・エフィカシーはそのように喩えられます。

「できた」という体験のたびに、水の量が追加されていく。五〇〇ミリリットルでは溶かせるギリギリの量の塩も、浴槽一杯分の水であれば楽に溶かせます。新たに塩が投入されても対応できるでしょう。

ただし、岩塩のように大きな結晶は、混ぜたり、砕いたりしなければ溶けにくいかもしれません。

能力と存在価値、二つの自己評価を高めていくというのは、容器を大きくして塩を楽に溶かせる状態を作りながら、同時に混ぜたり結晶を砕いたりして溶かすように取り組むようなものなのです。

塩の粒がたくさん見えている状態（いつも問題ばかり気になっている状態）では苦しいでしょう。まず、ある程度は塩を溶かして楽になる。それが自己評価を高めるのが役立つところです。できるだけ塩を溶かし切りたい人は、ＮＬＰへ積極的に取り組んでみてください。効果が得られると思います。

では、セルフ・エフィカシーを高める方法です。

一つには、「できない」プログラムを **〝解決する〟** のが直接的です。本書で紹介した問題を〝解決する〟方法を利用して、アンカーやフレームを変えれば問題のプログラムはなくなります（コラプシング・アンカー［一八一頁］、スウィッシュ・パターン［一八七頁］、リフレーミング［一九四頁］等を参照）。「できない」が、「できる」に変わるのですから、自己評価も上がります。

日常的な問題を扱うのは、思いのほか有効なものです。毎日「できない」と感じていた体験が変わるわけです。一度プログラムを変えるだけで、毎日、『回数』を積み重ねて、**能力への自己評価**を上げられます。

『回数』の点でいえば、色々な問題のプログラムをコツコツと〝解決〟していくのは、非常に有効です。実際、NLPのセミナーでは体験学習として、自分の問題を一つずつ扱っていきます。一つの手法の練習で、一つの問題のプログラムが解決されるのですから、気になっていた問題が徐々に減っていくことになります。すると大半の人が、「すいません、取り組みたい問題が思いつきません……」などと言い始めます。

今まで「できない」ものと捉えられて、能力への自己評価（セルフ・エフィカシー）を下げていたものがなくなる。さらに、問題のプログラムを変える体験を繰り返すことによって、「プログラムは変えられる」という新たなビリーフも作られます。それによって自然とセルフ・エフィカシーが上がる。〝容器が大きくなった〟ということです。

もう一つの効果的な方法は、「〝できた〟ことを喜ぶ」ことです。『感情的インパクトの強さ』を高めるために、日常生活で〝できた〟ことを喜ぶようにするのです。どんな些細なことでも構いません。自分の基準で、少しでも上手くいったと思えたら、遠慮せずに喜びましょう。

喜びを大きくするには、誰かと分かち合うのも効果的です。学生時代のイベントでも、団体競技のスポーツでも、仕事のプロジェクトでも、共同作業を成し遂げたときの喜びは印象に残るものです。

それから他にも効果的なのは、「〝できた〟ことを思い出す」ことです。〝スポーツで活躍した〟とか、〝テストで良い点数をとった〟とか、〝仕事で褒められた〟とか……そういう大きな達成感を味わった体験を思い出してみてください。

思い出すのは仮想体験の一種です。NLPの手法でイメージを活用したのと同じように、繰り返し思い出すことで体験の『回数』を増やしてプログラムを変えられるわけです。

特に効果的なのは、忘れていた成功体験を思い出すことです。小さなものでも構いませんから、過去を振り返って、「あの頃は、こんなことが〝できた〟のが嬉しかったな」という感じを集めてみてください。過去も未来も、「できた」ことを喜んで、それを積み重ねていく。それだけでも、セルフ・エフィカシーは上がっていきます。

セルフ・エスティームを高めるには、繰り返しになりますが、問題を〝解消する〟リフレーミングが効果的です。問題が気にならなくなるようなリフレーミングを自分に対して使ってみましょう。問題だと思って嫌な気持ちになっていたことが、気楽になれたら大成功です。
「厳しい上司の顔を見ると、萎縮する」のも、リフレーミングして、「礼儀正しい態度は、目上の人に対して大切だ」とか「萎縮するのが嫌なのは、向上心があるからだ」などと捉えていけば、むしろ自分が少し好きになれるかもしれません。そうやって問題を〝解消する〟リフレーミングを使って自分を受け入れ、セルフ・エスティームを高めるわけです。

もちろん、より問題を解消しやすくするために、〝解決〟の取り組みを進めるのも効果的です。問題が少なければ、気分も楽になりますね。

そして、ここでも思い出すのは有効です。

自分が人から認められた体験、人から受け入れられた体験、人から愛された体験。それらを振り返って、ゆっくりと思い返してみてください。小さな喜びであっても大切です。喩えるなら、心が温かくなって、〝塩の結晶が自然と溶けるように水の温度が上がっていく〟ということです。たとえ嫌いな相手からでも、受け入れられた瞬間があったら、そこだけを取り上げて思い出してみてください。それで思い出に浸って、やっぱり嫌な気持ちがあれば、それは置いておきましょう。

じっくり思い返していくと、忘れていた体験が見つかるかもしれません。

最後に、思い出すコツを一つだけお伝えします。

受け入れられたとき、愛されていると感じたときの体感覚を思い出してください。体感覚だけで結構です。次に、それを強めます。その感覚を存分に味わって、できる範囲で大丈夫ですから、体感覚が強められると想像してください。そうしたら、「この体感覚を過去に味わったことがあったかな……？」と考えながら、時間をさかのぼってみます。忘れていた体験が、ふと思い出されるでしょう。

どういうわけか人は、嫌な記憶ばかりが印象に残りやすいようです。それが、危険や苦痛を回避するために受け継いできた歴史なのでしょうか。残念ながら、嬉しかったことや幸せだったことのほうは、忘れられていることが多い。それだけでも、受け入れられた体験を思い出すことには価値があると思うのです。

それが幼いころの思い出となれば、なおさらです。忘れていることが多いでしょうから。もしかすると幼いころには、素晴らしい体験を「素晴らしい」と評価する基準がなかったのかもしれません。あの頃には価値が分からなかった。だから印象にも残らず、記憶の片隅に追いやられていた。でも、大人になって思い出すと、その素晴らしさが実感できる。ひとたび思い出した体験が、今度は素晴らしい思い出として印象深く刻まれます。思い出すだけで、そういうことが起こります。

受け入れられた体験を思い出すのは、本当に効果的なものです。きっと、一つ印象的な体験が思い出せたら、その思い出が支えになるはずです。苦しいときにも自然と思い出されるような、拠り所になります。いつでも帰れる安らぎの場所を、どうぞ思い出してみてください。ずっと近くにいてくれます。今までも、これからも。

おわりに

本書では一貫して、プログラムの説明をしてきました。私たちが〝なんとなく〟、〝自動的に〟、あるときには自分の思いとは裏腹に〝なぜか〟やっていること。そうした行動や感情を生み出す仕組みを「プログラム」と呼んで、その中身の解説に大部分を費やしました。

世の中には、心についてさまざまな角度からの説明があります。「プログラム」は、その一つに過ぎません。プログラムだけで人の心のすべてが分かるとは考えていませんし、「プログラム」以外の言葉で説明することもできました。ですが、この「プログラム」という呼び名にも役に立つところがあると思うのです。

〝無意識〟という言葉には、どこか計り知れない雰囲気がありそうです。〝性格〟という言葉には、生まれつきで変えられない印象があると思います。ですから本書では〝無意識〟や〝性格〟

といった言葉を使わずに、「プログラム」という単語を重視しました。

「プログラム」なら、技術的に変えられそうな感じがある。実際に、本書で紹介した方法に取り組んでもらえれば、プログラムが変えられることも実感できるはずです。「これはプログラムなんだ。変えようと思えば、変えられる」そう思えるだけで、気分も楽になることでしょう。

また、人の行動や感情を生み出しているのがプログラムだと考えれば、気に入らない部分はプログラムだということになります。**あの人が嫌いなのではなく、あの人のプログラムが嫌い**なのです。**自分のことが受け入れられないのではなく、自分の中に受け入れたくないプログラムがあるだけのこと**です。

もっといえば、そのプログラムは、多くのプログラマーによって何度も上書きされてきたものです。たくさんのプログラムが追加され、書き換えられてきました。誰の書いたプログラムが問題だったかではありません。特定のプログラマーを責めることはできないのです。不具合の起きるプログラムを修正すればいいのです。

ただし、パソコンと違って、人は〝本体〟の換えがききません。それぞれが自作パソコンのような、オリジナルのものだといえます。だからこそ使い込むほどに愛着が湧いてくるのではないでしょうか。そして「プログラム」という見方に親しむほど、プログラム以外の部分に存在する大切な何かに気づけるのかもしれません。そんなことを思いながら、人のプログラムを解説してみたつもりです。

ここより、本書の出版にお力をいただいた方々へ感謝の気持ちをお伝えしたいと思います。

まず、本書の企画から携わってくださった春秋社の江坂祐輔さん。お忙しい中、本書の内容が分かりやすくなるようにアドバイスくださいまして、ありがとうございました。私の中にあるイメージの世界を言葉に置き換える作業は、江坂さんのお力なくしては成しえなかったと思います。

私にＮＬＰの世界を体験させてくださった椎名規夫さん、西村真悟さん。お二人には、さらにＮＬＰを実践する機会と学びを続けるサポートをいただきました。椎名さんと西村さんがいなかったら、今の私はありません。心より御礼申し上げます。ありがとうございます。

堀之内高久先生には、深遠なコミュニケーションの技術を教わり、自己研鑽の場も提供して頂いたことへ、深く感謝しております。先生から学んだことが、私が人の心と向き合う土台となっています。日本のコミュニケーションの達人から授かった財産を、微力ながら私も形に残していきたいと思っています。

また、吉本武史先生には、さまざまなセラピーのエッセンスをいただきました。感謝いたします。吉本先生から教わったことは、頭で理解していた以上に、知らず知らずのうちに私の中に染み込んでいたようです。時おり自分から湧き出てくるフレーズに、天国の先生を思い出します。

そして、私が学ぶプロセスで出会った皆さんへの感謝の気持ちも尽きません。思い出の場面とともに多くの顔が浮かんできます。紙面の都合で皆さんのお名前を書くことはできませんが、心の中でお名前を呼ばせていただきます。ありがとうございます。
それから、両親へ。二人のことですから、隅々まで読んでくれているのだろうと思います。いつもありがとう。自分のことが好きになったのは、実は意外と最近です。二人からもらったこの体だから、好きになれました。何よりの宝物です。大切にします。二人も長生きしてください。

なにより、本書を手に取ってくださったあなた。こうして私があなたに感謝を伝えられるのは、あなたが最後までお付き合いくださったからです。本書を通じて私があなたと出会えたのは、あなたが本書を手に取ってくださったからです。私がこの本を書くことができたのは、本を読んでくださるあなたがいるからです。ありがとうございます。
実り多き未来と豊かな毎日を、心より祈っております。

二〇一三年二月吉日

原田幸治

†参考文献一覧

アントニオ・R・ダマシオ『無意識の脳 自己意識の脳』（田中三彦訳）講談社、二〇〇三年

池谷裕二『単純な脳、複雑な「私」』朝日出版社、二〇〇九年

池谷裕二『脳はなにかと言い訳する――人は幸せになるようにできていた!?』祥伝社、二〇〇六年

乾敏郎・野沢晨・森晃徳・竹市博臣・津崎実・行場次朗『認知心理学〈1〉知覚と運動』東京大学出版会、一九九五年

梅本堯夫・落合正行・土居道栄『認知発達心理学――表象と知識の起源と発達』培風館、二〇〇二年

大西泰斗／ポール・マクベイ『英単語イメージハンドブック』青灯社、二〇〇八年

加藤聖龍『NLP会話力ノート』かんき出版、二〇一〇年

コニリー・アンドレアス／スティーブ・アンドレアス『心の扉をひらく――神経言語プログラミング実践事例集』（酒井一夫訳）東京図書、一九九五年

下條信輔『サブリミナル・マインド——潜在的人間観のゆくえ』中央公論社、一九九六年
スティーヴ・アンドレアス／コニリー・アンドレアス『こころを変えるNLP——神経言語プログラミング基本テクニックの実践』（橋本敦生・浅田仁子訳）春秋社、二〇〇七年
タッド・ジェイムズ／ワイアット・ウッドスモール『NLPタイムライン・セラピー』（田近秀敏・佐藤志緒訳）ヴォイス、二〇〇七年
バベット・ロスチャイルド『PTSDとトラウマの心理療法——心身統合アプローチの理論と実践』（久保隆司訳）創元社、二〇〇九年
堀之内高久『介護ストレス解消法——介護保険後の戸惑う現場へ』中央法規出版、二〇〇四年
マーヴィン・ミンスキー『心の社会』（安西祐一郎訳）産業図書、一九九〇年
マーヴィン・ミンスキー『ミンスキー博士の脳の探検——常識・感情・自己とは』（竹林洋一訳）共立出版、二〇〇九年
リチャード・バンドラー／ジョン・グリンダー『リフレーミング——心理的枠組の変換をもたらすもの』（吉本武史・越川弘吉訳）星和書店、一九八八年
リチャード・バンドラー／ジョン・グリンダー『魔術の構造』（トマス・コンドン監訳、尾川丈一・高橋慶治・石川正樹訳）亀田ブックサービス、二〇〇〇年
リチャード・ボルスタッド『RESOLVE 自分を変える最新心理テクニック——神経言語プログラミングの新たな展開』（橋本敦生・浅田仁子訳）春秋社、二〇〇三年

Mark E. Young, "Learning the Art of Helping: Building Blocks and Techniques (The Merrill Counseling)", Pearson Education; International ed. of 5th revised ed., 2012.

NLP Comprehensive, "NLP: The New Technology", William Morrow Paperbacks; Reprint, 1996.

Robert Dilts, "Sleight of Mouth: The Magic of Conversational Belief Change", Meta Publications, U.S., 2006.

Robert Dilts, Judith DeLozier, Deborah Bacon Dilts, "NLP II the Next Generation", Meta Publications, 2010.

Robert Dilts, Tim Hallbom, Suzi Smith, "Beliefs: Pathways to Health and Well-Being", Crown House Pub Ltd; 2nd ed., 2012.

Steve Andreas, "Transforming Your Self: Becoming Who You Want to Be", Real People Press, 2002.

Steve Andreas, "Six Blind Elephants: Understanding Ourselves and Each Other: Fundamental Principles Scope and Category", Real People Press, 2006.

Steve Andreas, "Six Blind Elephants: Understanding Ourselves and Each Other: Applications and Explorations of Scope and Category", Real People Press, 2006.

Wayne Weiten. "Psychology: Themes and Variations", Wadsworth Publishing Co Inc;

International ed. of 8th revised ed., 2009.
Will Macdonald, Richard Bandler, “An Insider’s Guide to Sub-Modalities”, Meta Publications, 1989.

著者略歴：

原田幸治 *Koji Harada*

米国 NLP™ 協会認定 NLP™ トレーナー。早稲田大学大学院理工学研究科修了。専門は応用化学。技術力に定評のあるバイオ系製薬企業に研究職として入社し、微生物の改変や工場の製造プロセス研究などを担当する。その後、コミュニケーション・トレーナーとして独立。セミナー、研修、コンサルティングなどを行う。微生物から人の筋肉の動きまで、微細な変化を捉える観察力をベースに、コミュニケーションを論理的に解説する。クライアントは、研究者、介護職、研修講師、システム・エンジニア、販売員、カウンセラーなど多岐にわたる。

【HP】http://www.hrd-lab.com/

心が思い通りになる技術
——NLP：神経言語プログラミング

2013 年 3 月 20 日　第 1 刷発行
2017 年 6 月 10 日　第 5 刷発行

著　者————原田幸治
発行者————澤畑吉和
発行所————株式会社 春秋社
〒 101-0021　東京都千代田区外神田 2-18-6
電話 03-3255-9611
振替 00180-6-24861
http://www.shunjusha.co.jp/
印刷・製本——萩原印刷 株式会社
装　幀————岩瀬　聡

ISBN978-4-393-36524-3
定価はカバー等に表示してあります